① 日常生活领域

按的工作

擦镜子

捣的工作

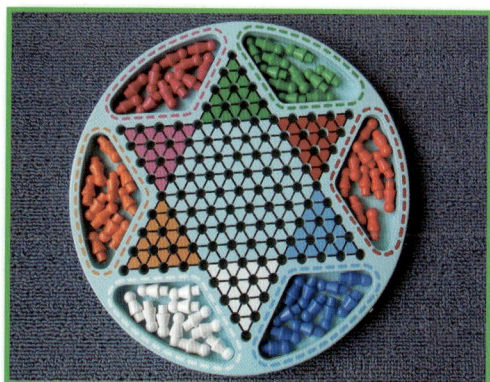

分类

夹的工作

迷宫游戏

三指捏木桩

筛的工作

系鞋带

② 感官领域

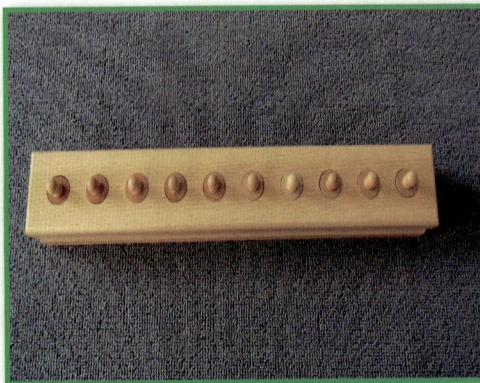

插座圆柱体

棕色梯

红棒　　　　　　　　　　　　　　　彩色圆柱体

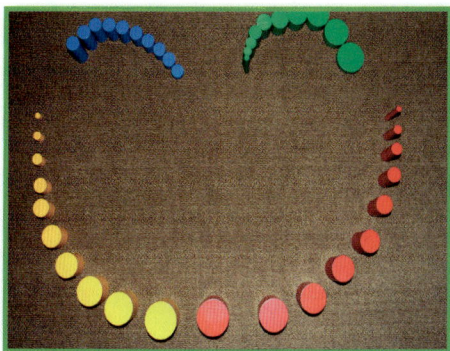

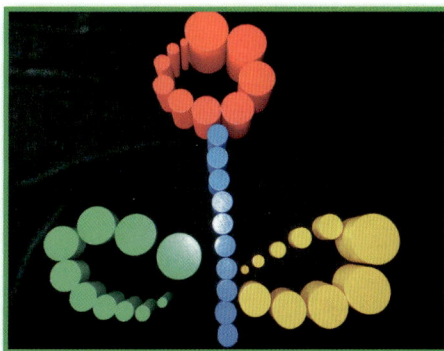

彩色圆柱体创意建构1　　　　　　　彩色圆柱体创意建构2

智慧塔　　　　　　　　　　　　　　色板第一盒

色板第二盒　　　　　　　　　　　　色板第三盒

几何图形橱

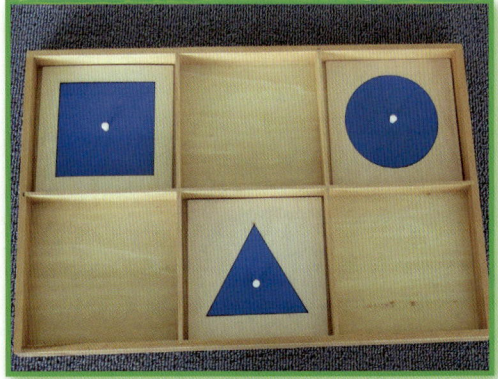

几何图形示范屉

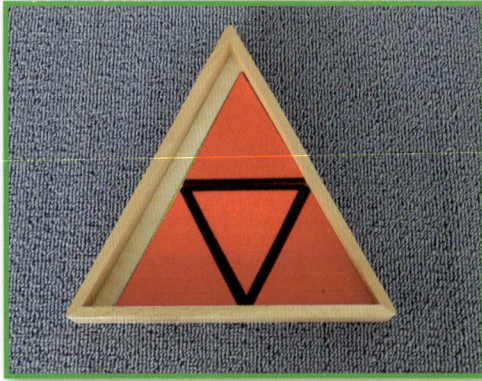

三角形盒

小六边形盒

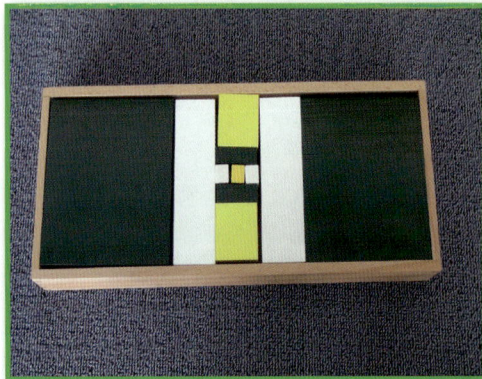

二倍体

二项式

触觉板

重量板

温觉板

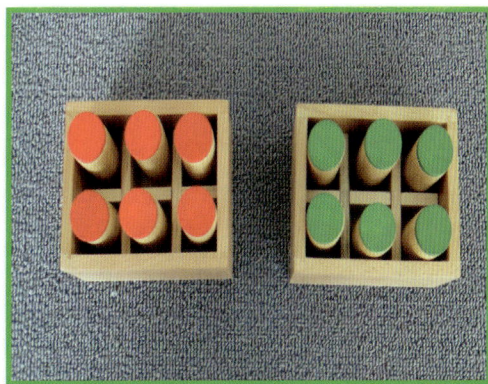

听筒

味觉瓶

投影板

❸ 数学领域

数棒

数字与筹码

彩色串珠

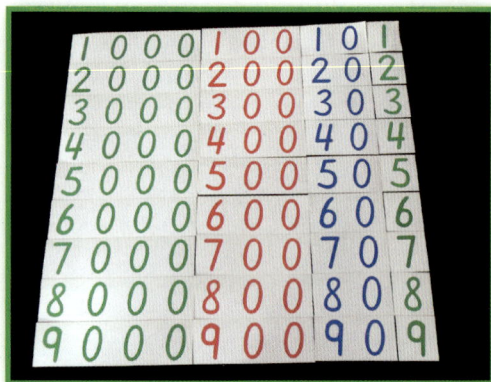

数卡 9 的排列

银行游戏情境创设

邮票游戏

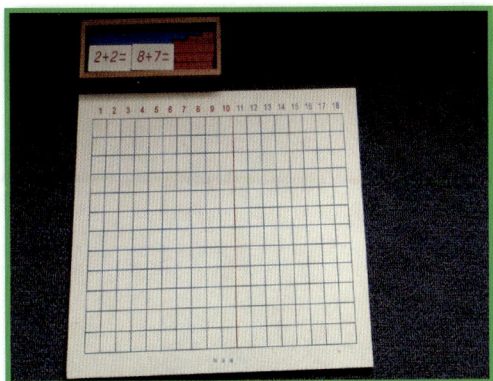

加法板

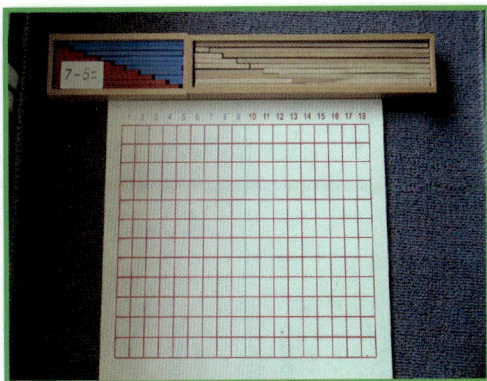

减法板

加法蛇

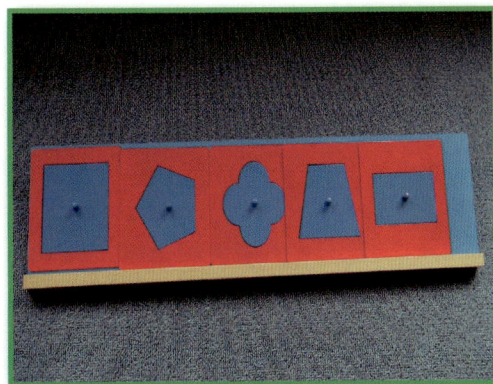

大计算架

❹ 语言领域

铁质嵌板

砂纸笔画板

文字的演变卡

词语接龙卡

蝴蝶的一生三步卡

蝴蝶嵌板

活动时钟

树的小书

学 前 教 育 专 业 方 向 拓 展 系 列 教 材

依据 《幼 儿 园 教 师 专 业 标 准 （ 试 行 ）》 编写
《中 小 学 和 幼 儿 园 教 师 资 格 考 试 标 准 （ 试 行 ）》

蒙台梭利婴幼儿教育实操教程

（第2版）

MENGTAISUOLI
YINGYOU'ER JIAOYU
SHICAO JIAOCHENG

主　编　李桂云　李升伟
副主编　高瑜　龚雪　张晓艳　陈国钰
编　委　魏中杰

北京师范大学出版集团
BEIJING NORMAL UNIVERSITY PUBLISHING GROUP
北京师范大学出版社

图书在版编目(CIP)数据

蒙台梭利婴幼儿教育实操教程 / 李桂云，李升伟主编. —2
版. —北京：北京师范大学出版社，2020.9(2023.1重印)
ISBN 978-7-303-26159-8

Ⅰ.①蒙… Ⅱ.①李…②李… Ⅲ.①学前教育—教育理论
—中等专业学校—教材 Ⅳ.①G610

中国版本图书馆 CIP 数据核字(2020)第 136184 号

教材意见反馈：gaozhifk@bnupg.com 010-58805079
营销中心电话：010-58802755 58801876

出版发行：北京师范大学出版社 www.bnup.com
北京市西城区新街口外大街 12-3 号
邮政编码：100088

印　　刷：天津旭非印刷有限公司
经　　销：全国新华书店
开　　本：787 mm×1092 mm 1/16
印　　张：18.25
字　　数：420 千字
版　　次：2020 年 9 月第 2 版
印　　次：2023 年 1 月第 14 次印刷
定　　价：45.00 元

策划编辑：于晓晴　　　　　责任编辑：于晓晴　王　亮
美术编辑：焦　丽　　　　　装帧设计：焦　丽
责任校对：段立超　　　　　责任印制：陈　涛
封面插图：周文博

前 言

　　玛丽亚·蒙台梭利是享誉全球的教育家，她所创立的幼儿教育方法，深刻地影响着国际学前教育理论与实践。其教育理念与我国当下提倡的"以幼儿发展为本"的价值取向、"促进幼儿全面发展"的教育目标和注重"直接感知、实际操作"的课程观有诸多共通之处，对我国幼儿教育改革具有重要的借鉴意义。学习科学、规范的蒙台梭利教育方法，不仅可以解决当前我国诸多蒙台梭利幼儿园重形式、轻内涵的问题，还可以为普通幼儿园的教育活动提供一定的可借鉴的思路和方法，促进幼教学习者科学保教能力的提高。

　　本教材以国家教材委员会印发的《习近平新时代中国特色社会主义思想进课程教材指南》、教育部印发的《中华优秀传统文化进中小学课程教材指南》为指导，立足当代学前教育事业发展的本质要求，贯彻《幼儿园教育指导纲要（试行）》《3－6岁儿童学习与发展指南》《新时代幼儿园教师职业行为十项准则》等文件精神，深刻把握蒙台梭利教育思想精髓，积极探索与习近平新时代中国特色社会主义思想、中华优秀传统文化相融合的蒙台梭利教育本土化路径和内容，加强学习者的理想信念教育、思想道德教育、劳动教育、文化知识教育等，培养其能够基于本国国情把握蒙台梭利教育的本质与内涵，能比较规范、灵活地开展中国特色的蒙台梭利教育实践。

　　本教材以OBE(Outcome Based Education)理念为引领，构建课程内容，知行合一、工学结合，用项目教学的形式开展合作式、探究式、启发式教学。本教材定位为二元教材，编写团队包括课程专家、高职学前教育专业学术带头人、骨干教师、行业专家和中国蒙台梭利协会讲师等，力争使本教材读者可以学到具有较强的可操作性的蒙台梭利教学法。本教材在修订时，对原有的教具操作视频部分进行了更新，并增加了岗位工作实录视频，以顺应当下教育信息化要求。

本教材包括理念指引和工作手册两部分，并分别装订，以便查阅和操作。本教材由李桂云、李升伟担任主编，负责全书框架拟定和统稿工作，具体编写分工如下：理念指导部分由李桂云编写项目一、二、五、六，李升伟编写项目三、四，张晓艳编写项目七，黄星、陈国钰编写项目八；实操手册部分由高瑜、魏中杰编写项目一、四，李桂云编写项目二、三、五。孙贺群博士作为本教材的审稿顾问，为教材的完善提供了大量宝贵意见。

　　本教材适用于高职学前教育、早期教育专业开设蒙台梭利教育法课程的教师和学生，也适用于蒙台梭利教育机构、幼儿园等托幼机构教学及其他社会学习者。

　　由于蒙台梭利教育思想与实践十分丰富，在我国教育一线探索进程中也不断涌现出新的成果，本书难免存在一些疏漏，希望专家、学者、同人给予批评指正。

　　最后，对本书中引用的诸多资料、研究成果的持有者，深表感谢。

编　者

目 录

项目一
蒙台梭利及其教育理论

内容图解

任务一　蒙台梭利的生平及其教育活动

- 一、蒙台梭利的童年时期
- 二、蒙台梭利的青年求学时期
- 三、蒙台梭利的青年工作时期
- 四、蒙台梭利的老年时期

任务二　蒙台梭利的教育理论

- 一、蒙台梭利的基本教育理念
- 二、蒙台梭利的儿童观
- 三、蒙台梭利教育法的施行步骤

有一次，刚与父母度假回来的蒙台梭利吵着肚子饿，想吃东西，可是她父亲却说："亲爱的，你必须先等一下。"然而蒙台梭利却不愿意等，于是母亲打开橱柜，拿出一个月前剩下的一小片面包，说："如果你不愿意等，就吃这个吧。"由此可见，蒙台梭利是在一个具有爱与纪律的环境中长大的。

任务一　蒙台梭利的生平及其教育活动

玛丽亚·蒙台梭利是意大利著名的儿童教育家。她毕生致力于研究儿童教育实践，创办了举世闻名的"儿童之家"，探索出一整套科学的育儿方法，出版了多部幼儿教育理论著作，极大地推动了现代学前教育的改革和发展，被称为"幼儿园的改革家"。[①]

一、蒙台梭利的童年时期

1870 年 8 月，玛丽亚·蒙台梭利出生于意大利的安科纳省。她虽是一名独生女，思想保守、严谨的军人父亲与受过良好教育的母亲却不曾溺爱过她，使她从小就能够关怀别人，养成自律、择善、执著的个性。

蒙台梭利 5 岁那年，因为父亲职务上的关系，全家迁往罗马。在那里，蒙台梭利开始了她多姿多彩的求学历程。

二、蒙台梭利的青年求学时期

蒙台梭利 13 岁时进入米开朗琪罗技术学校工科组就读(当时极少有女孩子进入工科组)，在这里她对数学产生了极大的兴趣，这也是日后她认为发展"数学心智"是"培养抽象思考能力最好途径"的思想来源。

20 岁时蒙台梭利自工科大学毕业，求学期间主修自然科学及现代语言，这为她后来发展语文及自然科学教学方法，打下了良好的学识根基。

此后，她拒绝了父母要她当教师的期望，决心研读她热爱的科目——生物学，并执意进入医学院就读。然而，当时的社会非常保守，不曾有女子就读医学院的先例，蒙台梭利几经奋斗终于在 22 岁进入了罗马大学医学院，也因此违背了父亲的意愿，她的经济来源被切断了。靠奖学金及家教的经济收入，她度过了那段学医的艰辛路程，并由此奠定了她对于大生物学方面的深厚学养，帮助她了解了人类成长的法则与规律。在被同学歧

---

① 本书中提及的"蒙氏"皆为蒙台梭利的简称，如编写者有时会将蒙台梭利教育简称为"蒙氏教育"。

视、为社会不谅解的情况下，她承受了巨大的压力。毕业那年她 26 岁，以第一名的成绩获得罗马大学医学博士学位，成为意大利第一位女医学博士。

三、蒙台梭利的青年工作时期

(一)在与特殊儿童接触中开始儿童教育探索

蒙台梭利虽以她的才华和斗志，突破了种种常人难以克服的困难，26 岁就以最优异的成绩，成为了意大利历史上第一位女医学博士，名震全国，但这仍然无法改变当时社会对女性的偏见，她只能在罗马大学精神医学科担任临床教学助理医师。借此机会，她接触到了智障儿童(在当时智障者和精神病患者同被关在精神病院)，并从一开始便帮助他们解决生活困难，转而研究智障儿童的治疗及教育问题。在精神病诊所工作的两年中，她察觉到："儿童除了食物之外，还会在屋子里面到处乱抓、乱摸，找寻可让两手操作的东西，以练习他们的抓握能力。"这种认识奠定了她"发展智力需要通过双手操作"的基本教育理念。并且由这两年的体验，她改变了对智障儿童教育的看法："要克服智能不足，主要还得靠教育的手段，不能只用医药去治疗。"一改传统专以药物治疗智障儿童的偏执做法。

1898 年，意大利政府委任蒙台梭利在罗马建立了一所收容智障儿童的国立特殊儿童心理治疗学校。在这里，蒙台梭利把自己根据塞根的特殊教育思想和伊塔的实验所研究出的方法，实际地应用到这些可怜的孩子身上；同时也为她学校的同事和罗马的教师们，预备了一套适用于智障儿童的"特殊观察法"(以此来了解每个孩子的需要)和"教育法"(帮助孩子智能的进步)。

不仅如此，她针对这些孩子们的问题，用心研制了各式各样的教育工具，帮助他们"手脑并用"增进智能。每天从上午 8 点到傍晚 7 点她亲自和儿童相处，观察他们，了解他们，并做笔记分析和比较，不断研究出更好的教育方法。两年下来，特殊儿童心理治疗学校的孩子们学会了许多她认为不可能的事，他们不仅会读、会写、会讲，还通过了当时罗马地区为正常儿童举行的公共考试。

(二)总结特殊儿童教育经验，开始研究正常儿童教育

对特殊儿童教育的惊人成果引发了蒙台梭利的反思，她觉得教育对人类智慧具有改变的可能(当时的学者都认为智力取决于遗传因子)；而且，由正常儿童在公共考试中所表现出的成绩并不比智障儿童优异的结果来看，绝大多数正常儿童的智力发展，不是被抑制或被不正当的教法所贻误，就是开始得太晚，或者两者兼而有之。这是不能忽略的大事，她认为这是人们应该去寻找答案、努力解决才能安心的大问题。在她看来，人类未来的幸福、世界和平的希望，是寄托在大多数正常儿童身上的，于是她毅然地接受了新的挑战。

她相信，既然对智障儿童使用的教育方法能使这类儿童较低的心智获得成长，它背后的"教育原理"必定也能更广泛地运用在正常儿童身上，使其较高的心智能达到更高的境界。

为了证明这种方法应用于正常儿童的可能性，她决心重新研究"正常教育学"。她辞去罗马国立启智学校校长一职，回到罗马大学重新修读，主攻生物科学、实验心理学、教育学、教育人类学等学科，以便彻底探索人类成长的自然法则，找出科学的教育理论和方法。经过沉潜苦研的七年时间，她逐渐摸索出了人类生命发展的规律，初步形成了她的教育思想和理论，所缺乏的就是实践验证的机会了。

(三)创立"儿童之家"，儿童教育思想在实践中逐渐成熟

1906 年，因为一个偶然的机会，在罗马优良建筑公会的支持下，蒙台梭利获得了研究和验证提升世界正常儿童智力的机会：1907 年 1 月 6 日，第一所"儿童之家"在犯罪率极高且代代恶性循环的罗马圣罗伦佐贫民区正式成立，3 个月后第二所蒙台梭利"儿童之家"成立。

"儿童之家"能给孩子提供有发展机会的"环境"，它不仅是"公寓中的学校"，具有家的内涵，成员之间的彼此关爱、辅助，环境中的一切设备也都符合儿童的需要，而且是幼儿受教育的场所。"家"里的大人们必须经常致力于"学校"环境的改善，使它们适合儿童各方面的发展。

蒙台梭利在这里为这些行为不良但心智良好的儿童，用心研制了能够促进其心智发展的种种教具，来提升他们的智慧，发掘无穷的潜能；也在这里的观察中体验了教师应该扮演的角色，创立了举世闻名的蒙台梭利教学法。

在"儿童之家"里，蒙台梭利应用在那 60 名 3～5 岁儿童身上的方法，得到了惊人的成果，那些走进"儿童之家"时品行不端的孩子，离开时却个个行为得体，礼貌友善；加上欧洲各报刊、书籍对"儿童之家"生动的报道与描绘，使来自各国的参观者络绎不绝，交口称赞。随着不断地研究和实践，蒙台梭利对于自己的教育理念有了更加理性的认识，也使得这一教育法变得更加系统化和合理化。1909 年，《运用于"儿童之家"的幼儿教育的科学教育方法》一书在意大利出版，标志着蒙台梭利教育(法)正式形成。

(四)蒙台梭利教育思想的传播与推广

1. 蒙台梭利教育在美国

1912 年蒙台梭利教育被引入美国，其发展经历了"兴—衰—兴"的历程。1912 年英译本《蒙台梭利教学法》刊印出版，美国很多教育人士远赴意大利罗马参观"儿童之家"并参与了很多蒙台梭利国际教师讲习班。此后，蒙台梭利教育在美国激起很大的波澜。1913 年底，蒙台梭利应邀访问美国，受到热烈欢迎，美国教育家杜威出席仪式并致辞，麦克卢尔称蒙台梭利是"历史上最伟大的女教育家"。蒙台梭利本人多次受邀赴美访问讲学，这

在很大程度上推动了蒙台梭利教育在美国幼儿教育领域的传播与发展。然而从 1912 年到 1917 年，仅仅五年时间，由于诸多原因，包括著名人物克伯屈的尖锐批评，导致美国对蒙台梭利教育推广的热情就由高涨变为低落。20 世纪六七十年代，美国幼儿教育领域的蒙台梭利教育法开始了再次复兴，1960 年"美国蒙台梭利学会"成立。

2. 蒙台梭利教育在英国

在英国，蒙台梭利教育一直长盛不衰。自 1912 年《蒙台梭利教学法》英译本问世后，英国的一些幼儿学校就开始采用蒙台梭利教育的方法。英国的一些地区陆续开办了蒙台梭利式的"儿童之家"及蒙台梭利师资训练班。如今，蒙台梭利学校遍及全英国。据统计，全英国共有 118 所登记的蒙台梭利学校，这其中，伦敦最为集中，有 31 所之多①。在英国，蒙台梭利教育一般提供的是学前阶段的教育，接收 2~5 岁的儿童入学。

3. 蒙台梭利教育在中国

20 世纪 50 年代，蒙台梭利教育开始在我国台湾地区兴起。蒙台梭利教育著作被翻译出版，相关学者也开始了对蒙台梭利理论和方法的研究。进入 20 世纪 80 年代，有关蒙台梭利教育的推广与实践获得一定的发展，这其中蒙台梭利启蒙研究基金会对这一发展起到了极大的推动作用，该基金会还创办了一份大众化刊物——《蒙台梭利》，这是中国国内首份关于蒙台梭利教育理论和方法的刊物。

(1) 兴起阶段

中国接受蒙台梭利教学理念始于 20 世纪初。1913 年《教育杂志》刊登了《蒙台梭利女士之新教育法》，1914 年 10 月出版了《蒙台梭利教育法》一书。这些中译本的出现初步向人们介绍了蒙台梭利教育法原理。蒙台梭利教育理念与当时国内幼教理念有极大的不同。以对儿童的尊重、精准的教具、优雅的老师、有准备的环境为代表的新颖的蒙台梭利教育一经传入就征服了大批中国教育者。我国幼儿教育家陈鹤琴先生曾高度评价蒙台梭利，认为她揭开了幼儿教育的新篇章，使幼儿教育耳目一新。

(2) 沉寂阶段

20 世纪初至 30 年代，蒙台梭利教育传入中国，由于不符合中国国情，最终遭到了遗弃。20 世纪 40—70 年代蒙台梭利教育在中国沉寂。在中华人民共和国成立前，中国人民一直饱受战乱之苦。在此背景下，人的生存权尚且受到威胁，便无从谈及受教育权。虽然当时的教育部门颁布了《幼稚园规程》，后又修正改为《幼稚园设置办法》，但因战乱，文件成了一纸空文。同时，幼稚园的数量也在急剧下降。即使在解放区，保育院和幼稚园的课程设置也不够全面、细致。蒙台梭利教育从此被人遗忘，在中国沉寂下来。

(3) 复兴阶段

20 世纪 80 年代至今，蒙台梭利教育重新受到关注，中国兴起了蒙台梭利教育热。20 世纪 80 年代，在改革开放的大潮中，国外一些先进的心理学、教育学理念传入我国并在

---

① 张莅颖：《蒙台梭利教育思想与实践》，石家庄，河北教育出版社，2006。

实践中被逐渐接受，人们用全新、开放的态度对待外来的教育经验。1985 年北京师范大学出版社出版了由卢乐山教授编著的《蒙台梭利的幼儿教育》一书；1990 年和 1993 年人民教育出版社出版翻译了蒙台梭利的四本专著，即《童年的秘密》《吸收性的心智》《蒙台梭利教育法》和《儿童自发性活动》。随着宣传的深入和对蒙台梭利教育的客观介绍，人们开始了对它的研究。

四、蒙台梭利的老年时期

蒙台梭利在晚年时不顾身体衰弱，不停地工作，于 1952 年 5 月 6 日逝世于荷兰努特维克，享年 82 岁。她生前曾经获得许多荣誉和奖励，反映了世界各国人民对她的热爱与尊敬。例如，法国授予她"荣誉社团会员勋章"；她的故乡安科纳和米兰等地授予她"荣誉公民"的称号；荷兰阿姆斯特丹大学授予她"荣誉哲学博士"学位；苏格兰教育研究院授予她"荣誉院士"职位。1949 年到 1951 年，她连续 3 年获得"诺贝尔和平奖"候选人的资格。她不仅是著名的科学家，更是伟大的教育家，为了儿童，为了人类精神的复兴及人性的发展，奉献了她所有的智慧与毕生的心血。

任务二　蒙台梭利的教育理论

一、蒙台梭利的基本教育理念

蒙台梭利终其一生，并没将"蒙台梭利法"做过系统的整理和归纳，就算说明，也只限于一些原则性的阐述。这主要源于她尊重儿童、尊重生命，知道儿童内心蕴蓄的宝藏，像海水一样深；知道对生命本体的研究，是无穷无尽的，绝难有定论。所以她自己曾谦虚地说："我只不过是对儿童加以研究，只不过是接受儿童给予我的，并把它表现出来而已。"她的孙子小玛利奥·蒙台梭利也说："她并没有一个理论体系……"后来，国内外研究蒙台梭利的学者将其教育理念整理归纳为六个方面：环境适应论、独立成长论、生命自然发展论、吸收性心智论、工作人性论和奖惩无用论。

(一)环境适应论

蒙台梭利曾将"环境"类比于人的头部，以此强调环境对儿童发展的重要性，因为人类的一切成长都与头部有关，头部是发号施令者，控制着生理与心理上的发展成熟度；而环境对于人类而言，也像头部一样，是决定一个人智慧的关键要素。在教育上，后天良好环境的影响能够弥补个人先天的不足，环境能诱发内在的潜能，把人性导向正常化发展。

1. 个人在适应环境的过程中发展各种体能与智能

适应环境是万物生长的一种本能。人一生下来，就有适应环境的本能。这种本能帮助人生存，甚至驱使人去发展未来生存必备的生理或心理机能。可以说，人类的各种智能与体能都是为了适应环境而增长的。

智能和体能的成长，除了遵循年龄阶段发展规律外，个体与环境相适应的程度，亦是决定智能和体能成长快速或者缓慢的主要原因之一。个人的成长如果不能与环境相适应，人的各种基本机能便无从发展，严重的甚至难以生存。例如，狼童的例子，他们不但失去了人的本性，由于年龄已大，即使将他们带回"人"的世界，也已经无法适应人类的生活方式，生命因此而非常短暂。

2. 环境的质量决定成长的优劣

假如能提供给儿童一个非常丰富的学习环境，且儿童在这个环境中能够多方面地去适应，那么其智能与体能的成长速度和品质就会很好。例如，"孟母三迁"中孟子小时候的家靠近墓地时，孟子游戏玩耍时都是下葬哭丧一类的事，孟母最后带其迁居到学宫旁边后，孟子便走上学者之途。

蒙台梭利将环境列为教育的第一要素，她遵循了儿童成长的法则，设计出了适应儿童个体差异并能激发儿童成长的各类教具，使其能适应环境并学会如何利用环境。

(二)独立成长论

蒙台梭利十分重视培养儿童的独立性与自主性。她指出，教育要引导儿童沿着独立的道路前进。任何教育活动，如果对幼儿教育有效，那么就必须帮助儿童在独立的道路上前进，谁若不能独立，谁就谈不上自由。因此，必须引导儿童自由、主动地表现，使儿童可能通过这种活动走向独立。即独立是儿童成长的必要条件，也是首要目标。

1. 独立成长的含义

独立成长即是引导儿童走向独立的道路，即随个体的生命发展，在适应的环境中生理、心理功能逐渐成熟，以实现独立、自由成长。

所以蒙台梭利教育是"不教而教"的教育，她反对以教师为中心的"填鸭式"教学，主张由日常生活训练着手，配合准备好的学习环境、丰富的教具，让儿童自发地主动学习，自己建构完善的人格，帮助其实现独立成长。

2. 帮助儿童独立成长的方法

蒙台梭利分析说，"我们习惯服侍孩子，这对他们不仅是一种奴化，而且也是危险的，因为这很容易窒息他们自发的活动和独立自主的意识，扼杀对他们十分有益的主动性和创造性……大自然赋予了他们可以进行各种活动的身体条件，也赋予了他们智慧，可以学会怎样进行活动。"蒙台梭利强调成人的责任是帮助儿童自己去完成有益于他们的活动，而不是越俎代庖。

(三)生命自然发展论

1. 生命的自然发展

蒙台梭利在观察中，注意到了生命"自然发展"的事实，她发现人的"完成"，实际上是经由自己的不断活动达成的。蒙台梭利继续探寻生命体自我活动的根据，她发现，儿童在出生以前，就具有了发展的预定计划，由于这个计划从生命的一开始就已存在，正如鸡蛋会变成鸡，人的受精卵会发展成胚胎，变成人，所以她称未出生之前便具有这种"发展功能"的儿童为"精神和肉体胚胎"。"胚胎"在卵受精的那一刻，就含有了"未来成为人"的这一大自然的"预定计划"，于是"预定计划"也按着大自然定下的步骤，产生了自我实现的活动，进而不断地自我活动，完成了伟大的生命。

2. 儿童的内在需要

"计划"要靠"过程"来达成，而过程要靠"内在需要"来推动。儿童的身心发展速度因人而异，所以儿童成长阶段的进程也会各自不同。然而发展的共性是：为了使身心成长，从胚胎开始，个体会有很多的内在而非外显的需要出现，"内在需要"会导致个体主动地去寻觅，找他要的"东西"，以满足迅速成长的目标。例如，刚出生的婴儿肚子饿了，他会闭着眼睛找，用嗅觉找奶香，用嘴唇去找奶头，以解决饥饿的问题。在这种情况下，假如大人没注意到这个事实，不懂孩子会因"内在需求"而"主动活动"，反而认为孩子只是一个被动的空容器，需要大人填塞，就会出现养育上的"差错"。孩子的成长确实需要大人的"援手"，但不需要填塞，而是需要大人了解和尊重他们的内在需求，支持他顺利地长大成人。

所以就教育的立场来说，大人能做的，是给孩子提供一个良好的学习环境，任由孩子在其中去自由地选择，不受干扰地满足他的内在需要，使生命能够自然地发展，一步一步建构完善的个体。

(四)吸收性心智论

蒙台梭利观察到，从婴儿期开始，儿童就对每种经验具有很强的吸收力，而且这种吸收是直接的。在儿童吸收经验的过程中，心理逐渐得到发展。所以，儿童是在直接从他所处的物理和社会环境中吸收经验时，发展了内部的精神力量。正如蒙台梭利所定义的：印象不仅仅进入他的心理，而且形成心理。它们被儿童纳入自己的体内，变成儿童自身的一部分。儿童创造了自己的"精神肌肉"，用于吸收从周围世界中积累的经验。我们把这种心理称作"有吸收力的心灵"。

根据蒙台梭利的观点，这种强有力的心理结构发生在出生到 6 岁之间，它包括两个阶段：第一个阶段是从出生到 3 岁，这时儿童处于无意识吸收阶段。这一时期的儿童通过感知觉和动作探索环境，同时学习所处文化的语言。儿童会记住这些经验，但他们自己却没有意识到。也就是说，这些经验还不能因儿童的使用需求而有意识地提取。蒙台梭利指出："如果我们把成人心理称作有意识心理，那么必须把儿童（3 岁以下）的心理称作无意识心理。但无意识心理并不一定是低级的，无意识心理可能是最富于智慧的。"

蒙台梭利举例证明了儿童对声音、节奏和语言结构具有很强的吸收能力。当环境中充满各种声音时，婴儿能自然而然地、无意识地从中区分出人的声音。渐渐地，不需要任何意识努力或成人的直接传授，儿童就能记住本国语言的声音、节奏以及词语、语义和句法。儿童至少在发展早期，是没有有意识记忆的，必须通过经验，无意识地吸收人类语言结构，而且这种吸收是强有力的、直接的。

第二个阶段是3岁以后，儿童这种强大的吸收力开始变得有意识、有目的。这时儿童变成了一个讲求实际的、感性的探索者。他能注意到事物之间的关系，并能进行对比。此时，儿童将感觉经验分类、提炼，将过去吸收的经验带入意识中。这样，他逐渐建构自己的心理，直到其拥有记忆力、理解力、思维能力。

这些观点为蒙台梭利在教育过程中坚持感觉训练、运动训练和智力发展提供了心理学依据。

（五）工作人性论

工作人性论是蒙台梭利教学的中心思想，也是蒙台梭利最伟大的贡献，简单来说，工作人性论就是指工作能够完善人的性格。

在蒙台梭利教室中会出现下面的情景：

"毛毛从老师手里接过玻璃杯，玻璃杯外围2/3的地方已经被老师先行贴了一圈红胶带。毛毛拿着杯子，到了洗手台前，转开水龙头，将水装到杯子红胶带所指示的地方，关上了水龙头，双手小心翼翼地捧着杯子回到了活动室。毛毛看看老师，老师用手指了指地板上的那头，原来，老师也用红胶带在地板上贴了一条直线。毛毛慢慢地走到了线的起端，双脚并拢，眼睛看着前面，一步接一步地踩在直线上，缓缓地向前走去。他的步伐是那么的小心，杯里的水也没有溢出来。当走到线的尽头，他将水倒回洗手台，把杯子还给老师，回到了座位，他的神情流露出极有成就的愉快，老师也报以微笑，表示肯定和鼓励。"

这就是幼儿很正常的"工作"，在"儿童之家"里，孩子们会在日常生活中学习自我成长的各种本领。

为什么蒙台梭利把促进儿童发展的活动称为"工作"，而不是像前人一样称为"游戏"呢？这主要是因为，她在"儿童之家"中亲眼目睹了儿童不喜欢现成的普通玩具，而热衷于操作她所设计的教具的情形，同时也确实感受到儿童喜欢"工作"一词而不喜欢"游戏"一词。正是从这个意义中，蒙台梭利对儿童的"工作"和"游戏"进行了区分，她将儿童使用教具的活动称为"工作"，而将儿童日常的玩耍和使用普通玩具的活动称为"游戏"。可见，蒙台梭利所谓的工作既不是以往所谓的游戏，也不是成人所从事的工作，它是自发地选择与操作教具并在其中获得身心发展的活动。

在蒙台梭利看来，儿童身心的发展必须通过"工作"而不是"游戏"来完成。蒙台梭利认为儿童的工作与成人不同，这种不同集中表现为儿童是为"工作而生活"，成人是"为生活而工作"。具体地说，儿童工作是内在本能的驱使，遵循自然的法则；而成人的工作必须遵循社会规范和"以最小的努力获得最大的生产量"的原则。儿童的工作以自我实现与自我"完美"为内在工作目标，没有外在目标；而成人的工作追求的则是外在的目标，以团体的共同目标为目标或以外在的诱因为目标。儿童的工作是一种创造性、活动性和建构性的工作；而成人的工作是一种机械化、社会性和集体性的工作。儿童的工作是他自己独立完成的、无人可以替代的工作；而成人的工作是经常需要分工来完成的工作。儿童的工作是适应环境、以环境为媒介来充实自我、形成自我并塑造自我的过程；而成人的工作是运用自己的智力并通过自己的努力来改造环境的过程。儿童的工作按照自己的方式、速度进行；而成人的工作不能拖延，讲求效率和充满竞争。

儿童正是在与成人不同的独特的工作中，实现了心理各方面的发展并走上了心智逐渐成熟的正常化之路。蒙台梭利认为儿童从无意识的工作到心智工作，再到有意识的活动性、创造性与建构性的工作，都是为了沟通人类与环境的关系，展开人类的自然禀赋，使自己得到良好的发展。为了帮助儿童更好地工作，蒙台梭利主张必须为儿童准备工作材料，以此作为有准备的环境的一部分，从而使环境更适合儿童特点和更具有教育意义。

蒙台梭利认为儿童的工作遵循着一些自然的法则，可以归纳为：第一，秩序法则，即儿童在工作中有一种对秩序的爱好与追求；第二，独立法则，即儿童要求独立工作，排斥成人给予过多的帮助；第三，自由法则，即儿童在工作中要求自由地选择工作材料、自由地确定工作时间；第四，专心法则，即儿童在工作中非常投入，专心致志；第五，重复练习法则，即儿童对于能够满足其内心需要的工作，都能一遍又一遍地反复进行，直至在工作周期内完成。

工作对于幼儿发展的作用主要包括：首先，从生理的角度讲，工作有助于儿童肌肉的协调和控制；其次，从心理的角度讲，工作有助于培养儿童的意志力，使儿童全神贯注于工作，是培养儿童意志力的一种途径；最后，工作有助于培养儿童的独立性，增强其自理能力。蒙台梭利认为："孩子的工作是去创造他自己，成人致力于改善环境，使环境趋于完善；但孩子却致力于改善自己，使自己趋于完美。"(图1-2-1)

工作对儿童的意义正如蒙台梭利所言："我听到了，但随后就忘了；我看到了，也就记得了；我做了，才会理解。"

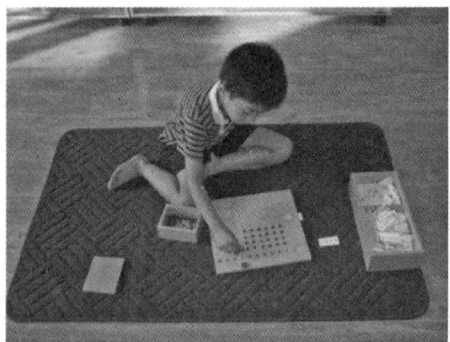

图 1-2-1

(六)奖惩无用论

蒙台梭利一直认为，儿童智能发展的动机不是来自外界的刺激，而是来自儿童的内在，因此，她提出了"奖惩无用"的教育观点。蒙台梭利在"儿童之家"里，通过对儿童的观察，她发现，奖赏或惩罚并不能对儿童产生多大的效果。经常受鼓励的小朋友，他的人格是建立在自己的认知和自我制约上。但是悬赏式的奖励，只会诱使他"有奖才做"，会对他将来的价值观产生负面影响，使其习惯于以名利为衡量价值的标准。儿童的内在需要在得以满足时，他们才会感到宁静，才会产生新的愿望。因此，成人应该引导儿童对自己的行为进行自我选择、自我约束。

二、蒙台梭利的儿童观

（一）儿童发展具有胚胎期

蒙台梭利在《童年的秘密》中曾说："我们的世纪是儿童的世纪。"由此言论可以看出，蒙台梭利对儿童事业的关注和推崇程度。她把儿童视为促进社会发展的关键，加强儿童教育，特别是幼儿教育，就是在为创造新的世纪努力，这无疑表现了她对儿童的极大尊重。"儿童不仅是作为一种实物存在着，更是作为一种精神存在着。它能给人类的改善提供一个强有力的刺激。正是儿童的精神决定着人类进步的进程，它甚至还能引导人类迈入一种更高的文明形式。"①蒙台梭利对儿童的基本观点，决定了她在教学实践中始终把给予儿童自由作为教育的起点和终点，一切教育服务都以儿童的自由为宗旨。蒙台梭利在充分尊重儿童的基础上，形成以下儿童观。

蒙台梭利所谓"心理胚胎期"是和"生理胚胎期"相对而言的。在蒙台梭利看来，人和其他动物的一个重要区别是，人有两个胚胎期——生理胚胎期和心理胚胎期。在生理胚胎期，人和其他动物一样，开始时一无所有，以后由一个细胞分裂为许多个细胞，然后形成各种器官，并生长发育至瓜熟蒂落。而心理胚胎期则是人类特有的，新生儿期就是这个心理胚胎期的开始。心理胚胎期既区别于儿童在母腹中的生理胚胎期，又不同于成人的心理活动，是儿童通过无意识地吸收外界刺激而形成各种心理活动能力的时期。蒙台梭利认为心理胚胎期的心理发展经历着和生理胚胎期的生理发展同样的路线，开始也是一无所有，但经过吸收各种各样的外界刺激，形成许多感受点和心理发展所需要的器官，然后才产生了心理。蒙台梭利指出，正如作为生理胚胎的儿童的发育需要母亲的子宫这一特殊环境一样，作为心理胚胎的儿童的发展也需要一种相适应的特殊环境。这种特殊环境要尽可能排除有害生命力呈现的任何不利因素，要尽可能专门设置能满足儿童各种内在需要的环境，如适应儿童力量和形体的桌椅、促进儿童感官发展和运动协调的教具，以及不断观察并及时给予指导的教师等。

（二）儿童发展具有敏感期

蒙台梭利认为儿童对于特殊的环境刺激有一定的敏感期，这种敏感期与生长现象密切相关，并和一定的年龄相适应，儿童发展就是建立在敏感期所打下的基础之上。蒙台

---

① ［意］玛丽亚·蒙台梭利：《童年的秘密》，马荣根译，北京，人民教育出版社，1990。

梭利强调说：正是这种敏感性，使儿童以一种特有的强烈程度接触外部世界。在这一时期，他们容易学会每样事情，对一切都充满了活力和激情。同时，儿童不同的内在敏感性使他能从复杂的环境中选择对自己生长适宜和必不可少的东西……使自己对某些东西敏感，而对其他东西无动于衷。

1. 敏感期的含义

蒙台梭利对敏感期如此解释：当儿童处于某个敏感期时，会产生一种敏感力。当敏感力产生时，儿童内心会有一股无法抑制的动力，驱使他对他所感兴趣的、特定的事物产生尝试或学习的狂热，直到满足需求或敏感力减弱，这股力量才会消失。这段时期即"敏感期"。

2. 敏感期与环境的关系

蒙台梭利研究指出：敏感期是在一定的外界环境中出现的，环境提供了心理发展的必要条件。当环境与儿童的内部需要协调一致时，一切都会顺其自然地实现。如果儿童不能在敏感期从事协调的活动，或者说缺乏适宜的环境，儿童将失去这个自然取胜的机会。

3. 敏感期的分类

蒙台梭利根据对儿童的观察与研究，将儿童发展敏感期归纳为以下八种：语言敏感期(0～6岁)、秩序敏感期(2～4岁)、感官敏感期(0～6岁)、对细微事物感兴趣的敏感期(1.5～4岁)、动作敏感期(0～6岁)、社会规范敏感期(2.5～6岁)、书写敏感期(3.5～4.5岁)、阅读敏感期(4.5～5.5岁)。

(1)语言敏感期(0～6岁)

婴儿的语言敏感期从注视大人说话的嘴形开始牙牙学语，学习一种新的语言对成人来说，是件困难的大工程，幼儿能轻松学会母语，正是因为具有自然所赋予的语言敏感力。儿童会对语言产生最大的兴趣，他以模仿大人的用语来快速学习，在语言的词汇量与表达力上，更是神速地增加。儿童不需要文法书，也不需要词类表，就能自然而然经由环境，学习字正腔圆的各种语言。因此，语言能力影响孩子的表达能力，能为日后建立人际关系奠定良好的基础。若孩子在2岁左右还迟迟不开口说话，应带孩子到医院检查是否有先天障碍。

(2)秩序敏感期(2～4岁)

儿童需要一个有秩序的环境来帮助他认识事物、熟悉环境。一旦他所熟悉的环境消失，就会令他无所适从。蒙台梭利在观察中发现，孩子会因为无法适应环境而害怕、哭泣，甚至大发脾气。"对秩序的要求"是幼儿极为明显的一种敏感力。

儿童的秩序敏感力常表现在对顺序性、生活习惯、所有物的要求上。如果成人未能提供一个有序的环境，孩子便没有一个基

视频资源

秩序敏感期

础建立对各种关系的知觉。当孩子从环境中逐步建立起内在秩序时，智能也因此建构起来。充满秩序感的生活会使他们感到安全，还有助于他们认识事物、熟悉环境，了解周围世界，并形成自己的认知与个性。一个秩序感好的人，逻辑思维强，做事有条不紊、有耐心、能持之以恒、心态平和，这都是一个人取得成功至关重要的品质。而秩序敏感期发展不好的孩子通常表现出粗心大意，规则意识弱，独立性差等特点。

处于秩序敏感期的儿童的主要表现：

第一，儿童喜欢按照自己的秩序做事情，自我意识开始萌芽；

第二，儿童会因为秩序被破坏而哭闹，秩序一旦恢复就会安静下来；

第三，会为了维护秩序而执拗，总爱说"不"，一切要重新来。

成人应把握好儿童的秩序敏感期，进行适宜的教育：

①借助秩序敏感期，培养孩子的规则意识。

比如"红灯停、绿灯行"，玩完玩具要放回原处等。需要注意的是，规定好的顺序或要求不能随意改变，要始终保持一致，以免儿童无所适从。而且成人要做好榜样，并利用表扬的方式强化孩子的正确行为。

②借助秩序敏感期，培养孩子的良好行为习惯。

第一，作息要尽量有规律，比如起床时间、吃饭的时间和地点、游戏时间等，建立科学的生物钟。

第二，把孩子的主要物品进行归类并摆放整齐，清楚明白地告诉孩子每次用完后，要物归原处。

第三，培养孩子做事的条理性，比如洗脚前先把拖鞋和毛巾准备好，洗好之后要倒掉洗脚水，挂好毛巾等。良好行为习惯的培养要慢慢来，不能因为孩子做得不够好而放弃，要多给他一点时间适应。

（3）感官敏感期(0～6岁)

孩子从出生起，就会借着听觉、视觉、味觉、触觉等感官来熟悉环境、了解事物。3岁前，孩子透过潜意识的"吸收性心智"感知周围事物；3～6岁则能通过具体的感官判断环境里的事物。因此，蒙台梭利设计了许多感官教具，如听觉筒、触觉板等，以刺激孩子的感官，引导孩子自己产生智慧。

（4）对细微事物感兴趣的敏感期(1.5～4岁)

忙碌的大人常会忽略周边环境中的细小事物，但是孩子却常能捕捉到个中奥秘。因此，孩子对泥土里的小昆虫或衣服上的细小图案产生兴趣时，正是培养孩子观察力和专注性的好时机。

把握好对细微事物感兴趣的敏感期，成人可从以下几方面进行教育：

①培养专注的个性品质。

当孩子对某一事物，尤其是细微事物感兴趣时，如果能长时间不被打扰，就有助于他形成高度专注的个性品质。尤其当孩子充满探索欲望时，只要他所关注的事情不具有危险性，家长应尽量放手，不要轻易中断孩子的探索行为。

②满足孩子的好奇心，培养孩子的观察能力。

在生活中，孩子如果表现出关注细节的行为，家长应及时给予表扬，以强化孩子的意识和行为。

③培养孩子做事认真、细致的良好品质。

可以有意识地提醒孩子做事要认真、细致，如果孩子在做事的过程中注意到了某个细微之处，要及时加以表扬，告诉孩子，每一个细微之处都对整个事件的成功有着看似小而又小，其实大而又大的作用，从而使孩子逐渐养成做事认真、细致的习惯。

(5)动作敏感期(0～6岁)

大动作技能发展：二("二"表示2个月大，依此类推)抬、四翻、六坐、八爬、十站、周岁走、两岁跑、三岁独足跳。

2岁的孩子已经会走路，最是活泼好动的时期，应充分让孩子运动，以使其肢体动作正确、熟练，这有助于幼儿左、右脑均衡发展。

相比于大肌肉的训练，蒙台梭利更强调小肌肉的练习，即手眼协调的精细动作教育。蒙台梭利认为小肌肉动作不仅能促进儿童养成良好的动作习惯，也有利于智力的发展。

手眼协调的精细动作发展：三("三"表示3个月大，依此类推)玩手、四抓、五换手、九对指、一岁乱画、二岁折纸、三岁搭桥。

(6)社会规范敏感期(2.5～6岁)

2.5岁以上儿童的自我中心倾向逐渐减弱，开始出现结交朋友、群体活动的倾向。这时，父母应为孩子建立明确的生活规范、日常礼节，在社会交往中，孩子会逐渐将社会规范内化为自己的行为标准，并用它约束自己及他人的行为。

(7)书写敏感期(3.5～4.5岁)

3岁半左右，儿童可能会突然喜欢拿着笔乱画，甚至假装他在写什么东西。这时候，可开始教幼儿写字或者画画，但是不要过于约束他。此时的书写具有三个特点：用笔涂鸦、画"字"；前书写(书写的准备)；自发性。

(8)阅读敏感期(4.5～5.5岁)

如果儿童在语言、感官、动作等敏感期内，得到了充足的学习机会，其书写、阅读能力便会自然产生。此时，可为儿童布置一个有丰富书籍和分享阅读的环境，帮助孩子养成爱读写的好习惯，成为一个学识渊博的人。进入阅读敏感期的幼儿会对图书产生浓厚的兴趣，喜欢自己看书，也喜欢父母给他读书。不要等到孩子到了这个年龄才让他接触书本，而要在孩子一出生就让他玩书，如婴儿布书，使他对书本萌发兴趣。当他进入阅读敏感期，可以尝试培养他的自主阅读能力。

敏感期意味着儿童具有积极的接受、交流和创造的功能。成人应在儿童发展的敏感时期对其进行教育、引导和帮助，从而促进幼儿心理的正常发展。幼儿园应为儿童提供适宜的成长环境，以便满足儿童不同成长阶段的敏感期需求。这种环境要为儿童提供足够的感官刺激，从而促进其智力发展。这也是蒙台梭利课程的教学环境和教具具有独特性的理论依据。

（三）儿童发展具有阶段性

蒙台梭利是用发展的观点看待儿童的，她认为儿童处于一个不断发展的过程中，这种发展呈现出阶段性。在发展的每一阶段，儿童的身心发展特点都和前一阶段有所不同，而每一阶段的发展又将为下一阶段的发展打下基础。基于这种认识，她将儿童心理的发展分为以下三个阶段，并对各个阶段的特点提出了自己的看法。第一阶段(0～6岁)是儿童各种心理功能的形成期。这一阶段最基本的特征是出现一个又一个的敏感期。整个第一阶段还可以进一步划分出两个时期：第一时期是从出生到3岁，即前面提到的"心理胚胎期"，这一时期儿童没有有意识的思维活动，只能无意识地吸收一些外界刺激；第二时期是个性形成期，这一时期儿童逐渐从无意识转化为有意识，慢慢产生了记忆、理解和思维能力，并逐渐形成各种心理活动之间的联系，获得最初的个性心理特征。第二阶段(6～12岁)是儿童心理相对平稳发展的时期。第三阶段(12～18岁)是儿童身心经历巨大变化并走向成熟的时期。

（四）儿童发展是在工作中实现的

蒙台梭利认为活动在儿童心理发展中有着极其重要的意义。她在《教育中的自我活动》一书中指出，儿童受内在生命力和心理需要的驱使会产生一种自发性活动，这种活动通过与环境的交互作用使儿童获得有关经验，从而促进儿童心理的发展。她对这种活动给予了极高的评价："活动、活动、活动，我请你把这个思想当作关键和指南；作为关键，它给你揭示了儿童发展的秘密；作为指南，它给你指出应该遵循的道路。"但是，蒙台梭利不认为儿童最主要的活动是深受福禄贝尔及其追随者推崇的游戏，她认为游戏特别是假想游戏，会把儿童引向不切实际的幻想，不可能培养儿童严肃、认真、准确、求实的责任感和严格遵守纪律的品格及行为习惯。在她看来，只有工作才是儿童最主要和最喜爱的活动，而且只有工作才能培养儿童多方面的能力并促进儿童身心全面发展。

三、蒙台梭利教育法的实施步骤

（一）预备环境

我们总是在强调一个适合生命发展的环境对儿童的重要性，所以在蒙台梭利教育中，如何为孩子创设一个适合他们生命发展的有准备的环境，被视为首要的条件。

（二）发现意愿

儿童表现在外的行为，往往是内在需求的反应，尤其是幼儿时期会在某一阶段对某种需求有特别的"敏感期"。如果能掌握这一时期的需要并予以教育，对孩子的启发效果将事半功倍。

(三)协调意愿

蒙台梭利教师与传统教师最大的差别在于，所扮演的角色不是固有知识与技能的传授者，而是儿童及学习意愿的协调者。她必须依孩子的需要而整饰环境，并且观察孩子的需要和意愿，提供适当的教具来让孩子"工作"。

(四)延长工作周期

如果孩子已经专心进入"工作"情境，教师就该鼓励他继续操作，以"延长他的工作周期"，让孩子酌情反复操作。蒙台梭利说："延长工作周期的目的在于，培养孩子的专心和耐力。"因此，蒙台梭利特别重视并且告诉教师，需要"等待"孩子反复练习的行为发生，并及时予以鼓励，使孩子乐意"再来一遍"，甚至几十遍。因为儿童知道如何使用教具，这只不过是教具的功能开始显现的阶段而已。孩子能对教具尽情地反复操作，才会使儿童发生"真正的成长"。蒙台梭利将其称为"心智的任性发展"。这种尽情"反复"操作的情况，只有当儿童感到"工作"的乐趣，且能够符合他的内在需要时才会发生。

(五)教育是"观察—实施—记录—研究—发现—重新针对儿童的需要和进步进行教育计划再设计"的循环过程

由于儿童尚处于成长过程中，且相互间具有一定的个体差异，这就要求教师对教育规划进行不断改进。唯有通过实际的观察、记录、研究，才能深入切实地发现儿童内在的需要，并给予适当的教育和引导，使其生命更美好地成长。

📐 学习建议

1. 阅读以下书籍：《童年的秘密》《发现儿童》《吸收性心智》《蒙台梭利教育方法》《蒙台梭利手册》《家庭中的儿童》，撰写读书笔记并与同学分享。

2. 了解并尝试解决家长或一线教师遇到的蒙台梭利教育的困惑。

3. 参照蒙台梭利教师守则，在班级上开展"谁是最合格的蒙氏教师"的情境表演。

4. 实习或见习时走访以蒙台梭利教育为特色的幼儿园，观察教育环境，以摄像或拍照的方式记录精彩瞬间，进行评述分享。

5. 选择一个蒙台梭利教育班，观察幼儿语言及行为表现，并结合敏感期的理论进行分析。

注：本学习建议适用于思想篇的各个项目，教师可根据教学进度和学生掌握的情况酌情安排。

《童年的秘密》的序言及摘要

蒙台梭利博士举例告诉我们，当她一次又一次发现儿童心灵所带来的启示时，她是多么惊叹。她谈到她第一次在 1 岁多孩子身上发现他们对细小事物的敏感，而那些东西并不为成人所关注；15 个月大的孩子会好奇地凝视着地面上一只快速爬动的、小到几乎看不见的虫子；有的孩子面对大量内容各异的图片，只对某张图片偏僻角落上一辆很小的汽车感兴趣，而那辆车小得只能用一个圆点来表现。蒙台梭利博士把这个现象称为"婴幼儿之谜"。儿童表现出的这些精神活动并不是被蒙台梭利博士所唤起的，她所发现的这些类似的现象，一定是从儿童在地球上出现起就已经产生了。成年人一定看到过、听到过，但是一直毫无觉察，因为这些事实并没有触动他们的知觉意识，儿童发展的秘密一直不为人所知，直到蒙台梭利博士为我们描绘了"童年的秘密"所包含的深刻精神含义和重要意义。

在她为孩子们准备的环境中，移除了阻碍儿童发展的东西，儿童可以自由地展现他的需要和发展倾向，蒙台梭利博士也尝试训练成年人和她一起探索儿童的秘密。在这种有准备的环境中，"一些始料未及的结果让我大为惊奇，而且常常觉得不可思议"，儿童的秩序感、他选择的工作任务似乎都与内心的需要相呼应、对奖励和惩罚的无动于衷、对安静的理解和热爱、他的自尊及读写能力爆发式地进步等——后来蒙台梭利学校的普及促使蒙台梭利博士注意到儿童的这些特点持续存在，并具有普遍倾向，是"形成教育最重要基础的自然法则"。

童年的秘密就是生命本身的秘密。从受孕的那一刻起，这种创造性力量就在引导人类有机体，为了让我们自己开始了解这种"秘密"，我们必须把儿童看做是内心拥有这种奥秘的人，这是每一个人都拥有的潜能。为了释放出这些潜能，理解这种神秘，洞察神奇生命的核心，我们必须脱掉自己无所不知的成人角色，换上蒙台梭利博士所说的"谦卑的外衣"，只有这样我们才能开始理解；为了洞察"儿童的秘密"，我们必须为生命的神奇和造物的神秘做好思想准备，因为我们所面对的理念不是我们自己的理念，面对的力量也不是我们自己的力量，而是一种超越我们想象的伟大的远景。只有用未被成年人的偏见所遮蔽的眼睛和摆脱了先入为主的头脑来看待儿童，我们才能为儿童的自主成长提供越来越充分的帮助。

这并不意味着要放纵孩子，不意味着只是向孩子授权或只能对其被动观察。它让我们知道，要想提供符合蒙台梭利博士的理论和实践的那种帮助，就必须真正理解成年人的任务，这种帮助不仅仅是一种许可，不是让成长中的儿童自由控制所有行动；这种帮助在于给予孩子自由，让他们沿着人类发展的正常轨道前进，让人的自然本性变得强大和真实。这种帮助是要理解什么样的障碍会阻挡儿童成长的道路，尽最大可能避免这样的事情发生；而且，在理解了童年的秘密，理解了生命的力量和潜能之后，当我们致力于塑造正直诚实、品性优良的完整的人时，这种帮助绝不会成为阻碍，什么时候需要就什么时候出现，但是也从不过于武断，从不强加于人。

只有爱的力量，才能让成年人足够接近儿童并理解儿童，爱和谦卑将为我们解开童年的秘密，使我们能够理解蒙台梭利博士工作的内在意义和真正含义。

玛格丽特·E. 斯蒂芬森

（Margaret E. Stephenson）

华盛顿蒙台梭利学院培训主任

美国国际蒙台梭利协会教育委员会主席

项目回顾

内　容	掌握等级
蒙台梭利教育的缘起及发展	☆☆☆
蒙台梭利的基本教育理念	☆☆☆☆☆
蒙台梭利的儿童观	☆☆☆☆

思考与练习

1. 蒙台梭利的基本教育理念有哪些？

2. 蒙台梭利的儿童观是什么？

3. 班级中只要有蒙台梭利教具就是在实施蒙台梭利教育，你认为这种观点正确吗？为什么？

4. 以学习小组为单位，查阅资料，了解蒙台梭利传入中国的开端、推广及发展过程，并提交总结报告。

5. 以学习小组为单位，走访周围社区的幼儿园或早教机构，了解蒙台梭利教育的现状，从教学形式、教学内容、师资情况等方面书写调查报告。

项目二
蒙台梭利的教师观和教师守则

学习目标

1. 了解并掌握蒙台梭利教育的教师角色。
2. 识记并体验成为一名蒙台梭利教师的要求。
3. 识记蒙台梭利教师守则及教师用语。
4. 掌握观察记录的方法并在实践中运用。

内容图解

任务一　蒙台梭利的教师观

　　一、蒙台梭利教师的角色
　　二、合格的蒙台梭利教师的标准

任务二　蒙台梭利的教师守则

　　一、蒙台梭利的教师守则
　　二、蒙台梭利教师的日常行为与语言规范
　　三、蒙台梭利教师如何进行观察记录

某幼儿园老师说："蒙台梭利老师的工作最好做，展示教具就行了，其他的根本不用管，因为我们要给儿童自由。"你认可这位老师的观点吗？蒙台梭利教师究竟要扮演什么样的角色？

任务一　蒙台梭利的教师观

蒙台梭利教育法强调教育者必须信任儿童内在的、潜在的力量，为儿童提供一个适宜的环境，让儿童自由活动，反对采取强制性、惩罚性的教育。教师因教授得少、观察得多而被称为"指导员"，教师的作用在于引导儿童的心理和身体发展，支持儿童的自我教育。

一、蒙台梭利教师的角色

(一)环境的提供者

在蒙台梭利看来，由于儿童是在吸收环境的过程中发展的，所以教师应为儿童提供适宜的、有准备的环境。有准备的环境主要由两部分构成：一是物质环境，二是人文环境。物质环境主要是指蒙台梭利教具，即各种符合儿童教育的室内设施及教师自制的教学材料；人文环境则是指各种有此阶段教育意义的人类文化遗产。

(二)行为的示范者

1. 教师是儿童的榜样和模范

教师是环境中的行为示范者。教师要注意言行，仪容整洁，举止自然、优雅、宁静。

2. 示范和指导儿童工作程序

在儿童自我选择、使用教具材料之前，教师首先要为儿童示范教具正确的操作方法。教师对教具材料作简单的介绍、示范时，语言要简短、明确、客观，内容必须是直接涉及要解决的问题，不讲不必要的话。当儿童模仿出现错误时，教师不要直接告诉儿童，而要再一次示范或引导选择另一种新的教具。

(三)儿童的观察者

观察是了解儿童的首要途径。蒙台梭利表示"蒙台梭利教师必须发展自己对观察儿童的意识与能力"，教师应观察的"不是儿童外表的成长与活动，而是这些成长及活动的内在协调情形"。

教师随时都可以观察孩子的行为，"以不带成人偏见的眼光来看孩子"。在儿童摆弄和操作教具的时间里，教师的主要职责是了解儿童的自由表现，观察儿童对教具的兴趣及兴趣持续的时间，甚至还要注意他的面部表情。观察的目的在于了解孩子的发展和需要，然后以此来提供适宜的环境和教具。

(四)支持者与资源提供者

蒙台梭利认为儿童发展是通过吸收环境而自我达到的，但她同时也强调教师是儿童发展的支持者和资源的提供者，离开了教师的协助，儿童的发展将难以实现。儿童需要时，教师会随时出现在孩子身边，成为孩子情感的支持者和学习活动的最佳资源。

蒙台梭利的教师观使传统幼儿教育中的师生关系得到了根本的改变，在自由教育和自我教育原则的指导下，师生之间由直接交往变成教师—教具—儿童三者的相互作用。儿童成为教育活动的中心和主体。研究蒙台梭利的著名学者斯坦丁指出："蒙台梭利教学体系中教师的教学艺术关键在于既信奉不干预原则，又知道在何时必须干预，在什么情况下干预到何种程度。"

二、合格的蒙台梭利教师的标准

(一)必须懂得蒙台梭利的教育原理和教学方法

实现蒙台梭利教育理想和方法的"教具"，是根据对"儿童的发现"而设计的。教师如果不明白这个道理，便会一成不变地、机械式地指导儿童，继而忽略了儿童的内在需要、成长的法则和个体的差异，而造成不合理、无效果的干预行为，甚至对儿童造成伤害。所以，对教师而言，始终要明确蒙台梭利教育的一个精神："不是为儿童上学做准备，而是为未来的生活做准备。"

(二)必须要懂得如何操作教具

教师不但要能简易、客观地向儿童示范教具的使用方法，还要能随时了解儿童对此项教具的反应，以决定如何启发他继续操作或引导他暂时停止。

此外，教师还要虚心、认真地观察面前"这个"儿童内心的需要和限制，尤其是心智和体能方面的。同时还要能真正地理解什么是"以儿童为中心"。例如，不用强迫式的语气命令儿童这样或那样去做；会蹲下来与儿童说话，不摆出居高临下的态势；示范时能轻声细语，动作轻慢而利落；等等。

(三)必须具有综合特质

作为"儿童之家"的教师，都要很有耐心地观察儿童，关心他们的需要，并能根据观察所得，设计出适合儿童成长的环境。儿童如何与环境接触，教师要从中协调与引导。相比于"头脑"的"诱导人"，蒙台梭利教师更是一个儿童学习灵感的"启发者"。教师要维护环境的完整性，让儿童与环境的每一次接触，都是完整的学习。

此外，还有一件很重要的事——教师本人须时常保持平和的心态。教师必须具有谦卑、仁爱之心，要能改变"唯我独尊"或儿童无知无识的错误观念；要重新认识儿童，真正理解儿童是潜力无穷、前途远大的"未来才俊"。要学会以儿童为师，才能真正成为儿童的教师。

(四)掌握一定启发式教育的技巧

很多学校都把"启发式教学"作为教学的指导原则。但是这里须提醒教师，以教师为中心的启发式教育，仍旧是依成人的主见"传授些知识给儿童，让他们被动地去领悟、记忆或模仿"，完全不同于蒙台梭利教育里的"让孩子们自己去打开汲取知识的窗棂，运用自己的思考，而日新月异"。

下面以一段教师指导语来对比传统的教育方式和蒙台梭利的教育方式。

传统教育方式：小西，你看看这两个球有什么不一样？哪一个是大的？哪一个是小的？

蒙台梭利教育方式：来！小西，摸摸这两个球，你发现了什么？

(五)具备爱心、诚心、恒心、耐心和宽容心

虽然儿童与生俱来的"内在的动机"会驱使他(她)自动地去接触环境、喜爱环境，尝试各式各样的教具，但如果教师没有用"爱"去关注和启发儿童的学习兴趣，兴趣便难以持久，容易"见异思迁"，蒙台梭利所倡导的儿童的"工作"也会变成一般成人眼中所谓的"游戏"。所以有爱心、耐心和较高教育修养的教师，才能使儿童的智力与体能得到有秩序、有层次的发展。

任务二 蒙台梭利的教师守则

一、蒙台梭利为教师制定的守则[①]

1. 在没有获得儿童接纳之前，绝不要任意触摸他。

2. 绝不要在儿童面前或背后刻意批评他。

---

① ［意］玛丽亚·蒙台梭利：《蒙台梭利早期教育法》，北京，中国发展出版社，2006。

3. 诚心地辅导儿童，发挥他的长处，使他的缺点自然而然地减至最低。

4. 积极地准备一个良好的环境，并持之以恒地管理。帮助儿童与环境建立相辅相成的关系，引导儿童明确每一件用品放置的位置，并示范准确的使用方法。

5. 随时协助儿童解决他们的需求并倾听、回答儿童提出的问题。

6. 尊重儿童，让他能在当时或其后发现错误而自行改正；然而，当儿童有破坏环境、伤害自己和他人的行为时，则必须立刻予以制止。

7. 在儿童休息或是在观看他人工作、回想自己的工作或考虑作何选择时，都要尊重他，不要打扰他，或强迫他做任何事。

8. 协助儿童选择合适的工作项目，了解儿童的学习进度。

9. 要不厌其烦地为儿童示范他先前不愿做的工作，帮助他克服困难，学习他尚未熟练的技能。为了达到此目的，必须准备一个生动活泼、充满关爱、有明确纪律的环境，配合教师和蔼的态度，使儿童时时感到支持与鼓励。

10. 以最和善的态度对待儿童，并将你最好的一面自然地呈现出来。

以上便是蒙台梭利为教师制定的十项守则。

二、蒙台梭利教师的日常行为与语言规范

1. 在任何时候都要充满热情地向儿童问好："早上好""中午好""下午好"。

2. 同儿童讲话时要蹲下来。

3. 不要讨好家长或讨好儿童；对所有儿童要一视同仁。

4. 尊重儿童的人格和意愿。

5. 尊重儿童的物品。

6. 凡事要以商量的口吻和儿童对话，如"我可以"（规则除外）。

7. 凡事都使用"请"："请离开""请帮忙""请让一下"，等等。

8. 不可以直接指出儿童的错误，根据不同的情况请使用正确的方法和积极的语言告诉孩子。

(1)给儿童建立这样的观念："错误可以帮助我们成长"，"错误可以帮助我们成功"。

(2)直接告诉儿童正确的做法是什么，不指出错误。

(3)没有错误的孩子，只有错误的大人。请使用这样的语言："如果这样做会更好"；"请试一试这种方法"。

9. 请儿童帮忙要说"请"；儿童做的每一件事情，教师都必须对儿童说"谢谢"。教师帮儿童做事情后也要对他说"请说谢谢"。

10. 认真倾听儿童的每一次纠纷，如"请告诉老师发生了什么？""请描述事情发生的全过程。""你自己会解决吗？"帮助儿童建立正确的是非观念。解决纠纷能帮助儿童建立规则，辨别是非、善恶，厘清思路，发展认知能力。

11. 在更多的时候，请使用行为语言，尽量少使用口头语言，尤其是对 4 岁以下的儿

童(以帮助儿童顺利度过执拗的敏感期);对 4 岁以上的儿童,请给他们更多的选择机会(规则例外),并使用秩序化的语言。学会对事物的选择,将使儿童学会选择生活。

12. 当儿童哭闹的时候,应这样处理:

倾听儿童的心声,允许儿童生气和哭闹,给他宣泄的机会,让他知道生气是可以的,以便其调控自己的情绪。在大多数情况下,对待入园儿童哭闹的方式是带他们出去走走,并同他们交谈,使儿童放松,并在老师身上建立安全感。

13. 儿童在生活中必须遵守的规则:

(1)用爱的形式鼓励和帮助儿童遵守规则和建立秩序感。

(2)用语言和神态提示儿童"你忘了什么"。

(3)如果儿童明知故犯,请用平静而坚定的语言告诉他:"老师爱你,但这件事不可以这样做。"

(4)认真处理出现的问题,直到解决为止。

(5)采用让儿童自我反省的方法,帮助儿童建立自我反省的智能。

(6)让儿童有勇气给别人道歉,并有勇气要求别人道歉。学会有勇气拒绝别人。

14. 儿童情绪焦虑时(大哭大闹不让老师靠近),是教师倾听儿童并与其建立深厚感情的最佳时机。

15. 不呵斥、责骂、体罚儿童。在任何情况下,教师都不得以任何方式惩罚儿童、吓唬儿童。如果教师不知道如何处理,可以暂时不作处理,以便询问其他的教师或教学负责人。处罚或吓唬儿童的教师均不是合格的蒙台梭利教师。

16. 请把纸屑扔进垃圾桶(篓)里。带儿童一起捡纸屑,并帮助别人养成这个习惯。

17. 学会打扰别人时的用语。这样就不会产生尴尬的局面,能够自然地面对陌生人和特殊的场合,养成习惯能使用优雅的语言、端庄的举止和端正的品行。

18. 教师有错误要向儿童说明并道歉。

三、蒙台梭利教师如何进行观察记录

观察是蒙台梭利教师的重要工作,并在蒙台梭利教育中扮演着极重要的角色。可以说,没有观察就没有蒙台梭利教育。因为只有通过观察,教师才能了解每一位儿童的需求,才能为制订教学计划、准备教具提供依据。因此,蒙台梭利教师必须具备观察的能力,并做好详细的工作观察记录。

(一)教师在观察儿童时应注意的问题

1. 进教室观察前,必须先调整自己的心态,不要受自己不良情绪的影响。

2. 保持客观的态度,不对儿童有任何成见。

3. 尽可能每天抽出 10 分钟,观察某一位儿童,叙述儿童选择活动的名称、动机、时间及参加活动的时间。重点关注儿童能否专心,如何解决困难,是否有特殊的动作和情绪反应等。教师不仅要观察儿童的活动状况，更要观察儿童的心理活动。

4. 察觉自己受人注视时，人的表现就不自然、不真实。因此，不要让儿童感觉到被观察。

5. 观察时，不要任意干涉儿童的活动，也不要夸赞。

6. 记录的文字必须客观、真实，不要使用主观判断的语言。

7. 虽然观察和记录的工作很重要，但当儿童发出"我需要帮忙"的信息时，务必放下记录工作，前往协助。

8. 由于记录工作必须迅速、正确，教师可随身携带便条纸和笔，用自己能懂的符号代替文字记录。待儿童离园后，再整理在记录本上。

9. 以此观察记录作为以后的准备教具，用以布置环境、设计活动的参考。

10. 不仅要了解儿童外表的成长及活动，也应注意观察儿童内在的协调和发展，若儿童有特殊的反应、不良的行为，应及时与家长联系。

(二)观察记录的方法

1. 叙述法(自由地描述)：这种方法比较常用，并且容易做到，应注意的是要尽可能少地破坏儿童的注意力，以免影响儿童的行为。

2. 检核表法：记录儿童活动中的表现，提前准备好表格。

3. 一段时间里的观察：在特定的时间或事件中进行观察。

4. 观察轨迹：观察较长时间内儿童参与教室活动的情况。

5. 图形记录法：利用柱形图或饼形图统计分析孩子对某一项工作的参与度或完成情况。

表 2-1 蒙台梭利教育儿童观察记录评价表

幼儿姓名：　　　　　　年龄：　　岁　　　　　　日期：　　年　　月

评价项目	评价标准	评价①	备注	评价②	备注	评价③	备注	评价④	备注
走线	能保持平衡、专注、动作规范								
对教师展示	认真观察、神情专注								
对教具的反应	能积极地参与								
工作常规	搬动椅子时动作规范、无声								
	离开座位时会安放好自己的椅子								
	拿放托盘时平稳、轻慢、动作规范								
	拿放教具时整齐有序、轻拿轻放								
	能自主地工作、不漫无目的地走动								
	不争抢材料、懂得互相谦让								

评价项目	评价标准	评价①	备注	评价②	备注	评价③	备注	评价④	备注
工作常规	经同意后认真观察同伴工作，不随意打扰别人								
	会轻声说话、不大声喊叫								
	说话时能使用礼貌用语								
	走路的动作自然、轻、慢，不乱跑								
	上地板工作时鞋子自觉放整齐								
	收拾工作时认真细致、不慌不忙								
	听到音乐能自觉、完整地收拾工作								
使用教具情况	严格按照教师展示的程序完成整个操作								
	能正确、独立完成整个操作过程								
	在正确操作的基础上创造性地使用教具								
	工作过程中专心致志，不东张西望								
	爱护每一份教具，无破坏性行为								
	工作过程有耐心、不急躁、不轻易放弃								
	工作后能把教具收拾干净并放回原处								
	反复操作（填反复操作的次数）								

评价符号等级说明：优良"☆"，一般"√"，欠佳"△"。

📑 学习资源分享

蒙氏班每日观察记录的内容

1. 工作

（1）每件工作持续的时间。

（2）观察、选择花费的时间。

（3）中断活动所花费的时间。

（4）工作中两次活动间隔的时间。

（5）近日完成的工作件数。

（6）只操作某件工作持续的时间。

（7）工作习惯及特点。

（8）工作原难易程度。

（9）在一件工作中见到哪些重复性动作。

2．独立

(1)操作教具时的专心程度。

(2)独自工作的时间。

(3)和教师一起工作的时间。

(4)在教师身旁工作的时间。

(5)和其他儿童一起工作的时间。

(6)在团体工作中是观察者还是参与者。

3．社交行为

(1)是否主动与他人接触。

(2)被他人接受还是拒绝。

(3)和同龄人、年龄较小、年龄较大的儿童相处时间的百分比。

4．专心

(1)哪种类型的工作最令儿童专心。

(2)哪种类型的工作不能让儿童专心。

(3)一天中何时最专心。

(4)一天中何时最不专心。

项目回顾

内　　容	掌握等级
蒙台梭利教育的教师角色	☆☆☆☆☆
蒙台梭利教师守则	☆☆☆☆☆
蒙台梭利教师如何进行观察记录	☆☆☆☆
蒙台梭利教师用语	☆☆☆☆☆

思考与练习

1．蒙台梭利教育中教师承担怎样的角色？

2．蒙台梭利教师守则有哪些？

3．蒙台梭利教师应怎样进行观察记录？

4．根据蒙氏教师观察记录的内容，设计一个蒙台梭利观察记录表。

5．以学习小组为单位，采访一名蒙氏教师，了解蒙氏教师的工作内容及工作形式，绘制工作流程图，以板报的形式在班级中展示。

项目三
蒙台梭利教具的特点及操作守则

学习目标

1. 识记蒙台梭利教具的特点。
2. 理解蒙台梭利教具的操作要求。
3. 掌握蒙台梭利教具的操作守则。

内容图解

任务一　蒙台梭利教具的特点

- 一、蒙台梭利教具及其发展
- 二、蒙台梭利教具的特点

任务二　蒙台梭利教具的操作守则

- 一、蒙台梭利教具的操作要求
- 二、蒙台梭利教具的操作守则

我们一直拥有高尚的理想和高超的标准，这成为我们教导下一代的内容，但是战争及斗争却不曾终止。如果教育仍然像过去一样被视为是知识的传递而已，那么人类的前途要么有所改善，要么毫无指望……如果援助和拯救将来到，那必定是来自儿童，因为儿童才是人类的创造者。儿童具有人所未知的能力，能将人类带往一个灿烂的未来。如果我们真的想要一个新的世界，那么教育就该以发展这些隐而未现的潜能为其目标。

——玛丽亚·蒙台梭利

发展潜能的途径是什么？教具是蒙台梭利教育体系中不可或缺的一环。

任务一　蒙台梭利教具的特点

一、蒙台梭利教具及其发展

（一）蒙台梭利教具

蒙台梭利教具是由 20 世纪意大利著名教育家、蒙台梭利教育法的创始人玛丽亚·蒙台梭利依据其教育思想设计的。蒙台梭利教具是蒙台梭利教育三要素之一，蒙台梭利教学活动的开展需要借助教具。蒙台梭利更喜欢称那些材料为儿童的"工作材料"，因为儿童能够通过操作那些材料使自己内心平静，培养专注的精神和独立的性格。但因"蒙台梭利教具"一词已被大众普遍使用，为了方便沟通，本书也继续沿用。在"儿童之家"，蒙台梭利本人经常鼓励教师自制蒙台梭利教具，且有相关资料显示，蒙台梭利经典教具并非全都由蒙台梭利一个人设计而成，有些教具是由其儿子马里奥或者蒙台梭利的助理帮忙设计的。

蒙台梭利教具与玩具有明显的区别：玩具是儿童成长过程中必不可少的东西，作为取悦儿童的一种材料，同时还兼有教育的功能。凡是能够提供儿童玩耍的器具，我们都可以称之为玩具。而蒙台梭利教具不仅具有娱乐性，而且还具有系统性和规律性。

（二）蒙台梭利教具的发展

当前，蒙台梭利教具在各地蒙台梭利幼儿园中随处可见。蒙台梭利教育协会国际委员会还在继续监督开发和制造蒙台梭利教具，其中也包括各教育工作者依循蒙台梭利的教育思想自制的教具。在蒙台梭利教育中，教具对幼儿各方面的发展起着至关重要的作用。根据荷兰新屋玩具公司 20 世纪 80 年代的商品制造记录，蒙台梭利教具种类繁多，达

349 种之多。随着蒙台梭利教育思想传播的日益升温，蒙台梭利教具也如雨后春笋般，从最初的少数几种，发展成为现在的成千上万种，并且还在持续发展。

从蒙台梭利教育思想传入中国至今，其对中国学前教育改革所起的积极作用是毋庸置疑的，主要原因在于蒙台梭利教学法具有一定的灵活性。教育者在运用蒙台梭利教育方法时，要注意灵活地运用，这是蒙台梭利教育的精华。教具作为蒙台梭利教育体系中的重要一环，教育者只有在掌握了蒙氏教育的精髓之后，才能把教具的功能发挥得恰如其分。蒙台梭利教育创设的教室，并不是简单地随意摆放一屋子的教具，而是要提供一个"有准备的环境"，一个引发儿童探索兴趣的氛围。蒙氏教育方法依托于儿童的自主活动，蒙氏教具就是儿童自主活动的诱因。蒙氏教具能够满足孩子精神和物质方面的需求，并且可以充实孩子的内心世界，它的设计与制作是建立在对幼儿细致观察和认真思考、努力洞察幼儿内心世界的基础上的。由此一来，孩子的精神世界便可以以一种具体的方式得以呈现。

二、蒙台梭利教具的特点

（一）孤立化

孤立化简单来说，是指局部从整体当中分离出来，但是，二者之间紧密相连，"整体"是由各部分组成的，倘若"整体"发展了，构成整体的"部分"也会同时发展。蒙台梭利把教育内容从整个教育体系中分离出来，分为五部分，这样有助于各领域的重点得到最好状态的发展。当把这五部分综合起来的时候，就能够起到促进儿童身心全面发展的作用。

儿童在幼儿时期身体机能的发展还不完善，只能适应简单的刺激，幼儿从每一件教具中所发现和理解的问题或错误必须只限一种。在进行感官训练的时候，要对每种感官进行单独训练，才能真正促进各个感官的敏锐性。例如，操作触觉板时，要戴上眼罩，以便将其他器官隔离，再用教具进行相应的刺激，有针对性地促进相应感官的敏锐性及灵活性。再如粉红塔，只能关注到大小的变化，颜色、形状等方面并没有不同；而红棒是通过触觉、视觉的辨别，使儿童在知觉上对长短的差别有正确的了解。

（二）错误控制

蒙台梭利认为儿童可以凭借自己内心的发展进行自我教育并达到自然发展的目的，所以她所设计的教具蕴含着自我纠正的功能。蒙台梭利教师在教具创设时需要考虑如何把该原理与教具相融合，使儿童在工作的时候可以自己把握进度和调整步骤，并根据所出现的情况及时作出调整，最终使活动顺利进行。儿童通过教具操作，可以达到自我教育的目的，教具的自我纠正功能能够培养儿童独立思考的能力，同时可以帮助儿童从成人的庇护中解放出来。蒙台梭利教具是为儿童自我教育而设计的，所以对错误的控制应该是教具本身，而不是教师，这样也可以避免由于别人指出错误，给儿童造成心理压力。例如，插座圆柱体组是由依次递减并缩小的 10 个圆穴，以及能刚好插入的 10 个相对应的圆柱体组成的，它们一一配套，不能有错。若是操作错误就会多出一个圆柱和一个圆穴。粉红塔、棕色梯、红棒等其他教具也是如此，若操作有误，儿童即刻会知道错在什么地方。直接感知到现象可以提示幼儿操作方法的正误，从而帮助幼儿达成自我教育。

(三)美感有趣

教具本身要符合儿童内心发展的需求，要充分考虑到儿童的兴趣所在，教育者在创设教具的时候需要尽量去寻找儿童的兴趣点。例如，可在教具的颜色、形状上多下功夫，使教具能够在第一时间吸引儿童的眼球。学前儿童具有很强烈的吸收性心智，所以衡量教具设计成功与否的首要标准就是看教具是否引起儿童的关注。蒙台梭利教具的颜色要欢快明亮，色泽要朴实干净，要使儿童的注意力集中于教具本身。例如，同一组教具应保持颜色的一致性，让儿童一目了然；同时，无论是水平还是竖直摆放，都应呈现出漂亮的造型。可以说，蒙台梭利的教具都有吸引儿童的地方，无论是色板的颜色、瓶中的气味，还是教具的材质，都能从不同的角度对儿童进行感官刺激，这有助于吸引儿童的注意力。

蒙台梭利的教具不仅外观美丽有趣，而且能够满足儿童内在的需求。这样有助于儿童自愿地去操作一项教具，并且能保持较长时间的注意力。例如，儿童通过反复将圆柱体插入圆穴中，不断体验秩序感和成就感，以便满足他内在的需求。

(四)科学性

蒙台梭利每套教具的设计及使用方法都需要依循儿童心理发展的规律。蒙台梭利一直坚信要让儿童身心获得全面发展，这就要求教师能对儿童心理发展的规律有全面的了解。蒙台梭利教具具有层次性，操作过程从易到难，能适应各年龄段儿童的发展需求。文化、感官、数学等教具的操作方法是根据儿童在不同时期的特点以配对、分类、排序的形式呈现的，如蒙台梭利教具能够将错综复杂的数学知识有体系、有分类地传递给儿童，能够将抽象的知识转化成具体的操作材料而被儿童吸收。基础知识的掌握能够增强儿童的创造力，他们开始脱离那些"工作材料"进行创造，由此满足了儿童的求知欲。蒙台梭利在设计教具时，儿童心理发展的自然程序表是她考虑的重要因素。蒙台梭利认为对于教具的使用也要符合各年龄阶段儿童的自然发展顺序，这样才能真正促进各年龄段儿童的健康发展。

(五)可操作性

蒙台梭利教具具有很强的可操作性，其大小、重量以及形状都符合孩子的体型，并且可以吸引孩子的探究和操作。因此在制作蒙氏延伸教具时，必须考虑是否适合孩子操作，太大、太重或超出幼儿使用能力范围的教具即使教育功能再强，也要坚决杜绝或改进后再使用。另外，要注意严格遵守蒙氏教具本身的操作顺序和规律，这样才能有效培养孩子的内在纪律。

此外，教育者可以利用蒙台梭利教具对儿童进行系统训练。蒙台梭利各个领域的教具自成体系，且都符合儿童身心发展规律，具有很强的系统性。在"工作"的时候，儿童可以根据教师的指导或者示范，按照操作的程序由易到难、由简到繁地完成某一项任务。"从'工作'时的最初准备到'工作'后教具的整理都体现出蒙台梭利教具操作的有序性。这些对儿童秩序感的发展具有很大的作用，同时也有助于自律的形成。"[1]

（六）间接预备性

蒙台梭利教具要教会儿童一些生活技能，目的是把儿童培养成一个能够适应社会生活的人。这种适应性练习所依赖教具的创设灵感是来源于儿童实际生活经验中常见的事物。蒙台梭利各领域教具的创设，均把帮助儿童适应社会作为最终目的。

日常生活训练是始终贯穿蒙台梭利课程的教育内容。日常生活训练主要是对儿童自身言行的练习，以及教导儿童为人处世的态度。日常生活中的教育包括剪指甲、穿衣服、洗澡等很多生活方面的小细节，引导儿童学习与他人接触的方法、餐桌礼仪、如何照顾小动物和栽培植物等，这些都是为了儿童更好地适应环境，奠定独立生活的基础。

感觉教育是为儿童各个感官的发展做准备，为未来健康的生活做准备。自然生活教育立足于儿童周围的环境，教会儿童如何适应和影响环境。儿童通过自己的劳动获得丰收，由此了解人类生活的状态和生产方式，即人类只有通过辛勤劳动、适应自然，才能生存。

在儿童学习的过程中，我们常常发现孩子拿笔的姿势不正确，上小学后便难以纠正。为了促进儿童书写能力的发展，提高手眼协调能力和手指的灵活性，蒙台梭利教育在生活区和感官区有大量的练习活动，如利用金属嵌图板(图 3-1-1)和砂纸字(图 3-1-2)感知字形，这也是蒙氏教具间接预备性原则的体现。

图 3-1-1

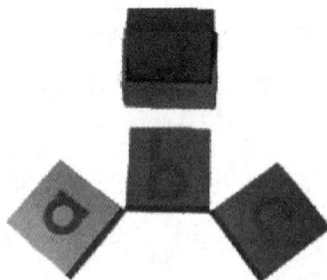

图 3-1-2

---

[1] 官晓清：《蒙台梭利教具及其使用方法研究》，福建师范大学硕士学位论文，2013。

任务二　蒙台梭利教具的操作守则

一、蒙台梭利教具的操作要求

蒙台梭利教具所适用的年龄、范围与蒙台梭利课程是密切相关的。蒙台梭利教育的内容具有很明显的层次性，这从蒙台梭利教具中便可以体现出来。生活教育的练习为感觉教育奠定了基础，而感觉教育又不单是以发展儿童的感觉教育为目的，更重要的是为更高层次的语言、数学、文化教育打下坚实的基础。根据儿童不同的敏感期设计而制作的蒙台梭利教具符合人类心智发展的规律。蒙台梭利教育法的优越性不仅是因为蒙台梭利教育理念先进，更是因为它可以系统并完整地去实践。这是很多教育方法所不能比拟的。正如蒙台梭利所言："我们的教具使自主教育成为可能，而且允许进行系统的感觉训练，这种训练不是依靠教师的能力，而是依靠教具系统。"蒙台梭利教具有其自身的体系，对环境、教师以及课程这三方面有着严格的要求。对环境的要求将在项目四中详细阐述，对教师的要求已经在项目二中介绍过，下面了解一下对课程的要求。

混龄编班是在蒙氏教学过程中最经常采用的活动组织形式，也是蒙台梭利教育的一大特色。幼儿园是儿童步入社会生活的开始，也是儿童适应社会生活的第一个场所。儿童将在这里由自然人转化成为社会人，而混龄班级正是一个小社会的缩影，它更接近真实的社会生活，这对儿童的身心发展具有重要意义。混龄活动一方面有助于加强幼儿间的交往，另一方面有助于儿童学会照顾他人。不同年龄的孩子在一起，可以相互学习，相互模仿，和平相处，并通过帮助别人提高自信心。不同年龄同伴间的互动，有助于儿童找到各自的立足点，同时也有利于儿童充分地展现自我，促进儿童身心发展。

教育者可以为各发展层次的儿童提供不同难度的教具，这样既充分利用了被闲置的教具，又有助于发挥各种教具的功能。每种教具都蕴含着延伸和变化，可以适应于不同年龄的儿童。混龄活动不仅有助于提高幼儿的智力水平，同时也为教师尝试多种教法提供了空间。例如，感官教具中的粉红塔适用于3岁左右的儿童，可以帮助儿童完成大小排序的练习。当儿童感知大小的初级目标得到发展后，他可以尝试着摆出多种形状，或者同另一种感官教具棕色梯相配合使用。5岁左右的孩子可以通过粉红塔进行识字练习，这既有助于幼儿的感官训练，又有助于儿童智力的发展。可见混龄教学有助于开发和利用教具的潜在功能，同时为教师设计、完善辅助教具提供了一定的借鉴基础。

二、蒙台梭利教具的操作守则[①]

1. 每次只演示一种活动，目的性要明确。

---

① ［意］玛丽亚·蒙台梭利：《蒙台梭利儿童教育手册》，北京，中国发展出版社，2006。

2. 精确动作，以儿童的节奏进行演示。

3. 简化动作，以儿童理解的方式和语言进行演示。

4. 动作要步骤化，拆分动作要根据需要进行，并加以说明。

5. 进行操作演示时，最好使用简短的语言进行说明，让儿童自己去发现，自己去探索，去享受发现的喜悦。

6. 操作教具的顺序，要从易到难，从具体到抽象，从左到右，从上到下(这也是阅读的顺序)。

7. 教师操作的时候要避免镜面教学。

8. 操作演示时要时刻注意儿童的反应，观察儿童的兴趣所在。

9. 把握时机引导儿童进入操作程序，当儿童完全可以做这项工作时，教师就要离开；但教师仍要持续观察儿童，即当儿童有需要时，教师要出现，反之，教师要立刻消失。

10. 不要刻意打断儿童的操作。

11. 操作教具之前，教师要确保教具的完整性(包括教具的摆放顺序)和对教具的熟悉。操作教具时不能混乱，要培养儿童的秩序感，秩序是儿童内在的一种安全感。

12. 操作教具时请排除任何导致儿童走神的物体，教师的头发要扎起来，摘掉戒指、耳环等小饰物。

13. 操作教具前请告诉儿童教具明确的名称。

14. 操作教具时确保教师的手不会挡住儿童的视线，儿童要能看清动作的演示，不能让儿童感觉只是你的手在动。

15. 每次工作要用工作毯确认工作范围，工作毯要防水，颜色最好是纯色的，不要扰乱儿童的注意力，因为3岁多的孩子就有了自我意识，此时要培养孩子根据工作来选择工作毯。

16. 鼓励儿童尽可能地重复工作。

17. 时刻观察儿童对教具的操作能力，知道儿童的需求。

18. 随时做好操作记录。

19. 操作教具时，不要因为儿童出现错误而去责怪他。

随着时代的发展，蒙台梭利教具的操作会越来越灵活，学习者首先要领悟蒙台梭利教育的理念。

学习资源分享

自制蒙台梭利教具的特点

自制教具要符合蒙台梭利教具的特点：

(1)教具具有错误控制，可以提示儿童操作是否正确。

(2)教具具有刺激孤立性，每一件教具只针对儿童某一方面的具体能力而设计。

（3）教具具有层次性，教具的操作由易到难，每种教具都有上位教具和下位教具，以便满足不同发展水平幼儿的需要。

（4）教具具有探究性，能够引导儿童在探究过程中获得学习经验。

（5）教具要有可操作性，要让儿童"有物可玩"。

（6）符合幼儿的敏感期，儿童的各项能力的发展都有其自己的敏感期，如语言、动作、感知、关注细小事物、秩序感、社会化等相继出现在 6 岁前，教师要根据这一特点进行相应的教具设计，及时抓住教育契机，打开儿童学习之窗。

（7）教具具有吸引力、趣味性，外表美观大方，材料的大小、重量及形状要适合幼儿的体形及操作能力，能够引起幼儿的活动兴趣。趣味性是吸引幼儿工作的重要因素。

项目回顾

内　容	掌握等级
蒙台梭利教具的特点	☆☆☆☆
蒙台梭利教具的操作守则	☆☆☆☆☆
蒙台梭利教具的操作要求	☆☆☆☆

思考与练习

1. 蒙台梭利教具具有哪些特点？

2. 蒙台梭利教具操作守则包括哪些？

3. 蒙台梭利教具操作必须强调操作的固有形式吗？还应该考虑什么？

4. 以学习小组为单位，了解某幼儿园蒙氏教师教具的操作情况，根据你了解的教具操作守则，评价这位教师的教具操作质量，并提出改进建议，将评价与建议上传至班级网络平台与同学们共享。

项目四
蒙台梭利教育环境创设

学习目标

1. 理解蒙台梭利教育环境创设的目标。
2. 了解蒙台梭利教育环境创设的内容。
3. 掌握蒙台梭利室内外环境创设的具体要求。

内容图解

任务一　蒙台梭利教育环境创设的目标与内容

一、蒙台梭利教育环境创设的总目标
二、蒙台梭利教育环境创设的具体原则
三、蒙台梭利教育环境创设的具体内容

任务二　蒙台梭利室内外教育环境创设

一、蒙台梭利室内教育环境创设
二、蒙台梭利室外教育环境创设

"他的周围事物就是一本书，使他在不知不觉中继续不断地丰富他的记忆，从而增强他的判断力。为了培养他具备这种头等重要的能力，真正的好办法是：要对他周围的事物加以选择，要十分慎重地使他继续不断地接受他能够理解的东西，而把不应该知道的事物都藏起来，我们要尽可能用这个方法使他获得各种各样有用于他青年时期的教育和他一生的行为知识"。

——玛丽亚·蒙台梭利

这段文字中的"周围事物"主要指什么？包括哪些内容？我们如何选择与安放？

任务一　蒙台梭利教育环境创设的目标与内容

在前面的项目中已经提到蒙台梭利教育要提供有准备的环境，那么有准备的环境应该是怎样的呢？为了儿童身心健康地成长与发展，以及符合"儿童之家"要求的理想环境，第一，要拥有"自然的、文化的环境"，并且是"能够防止物理性危险的安全环境"；第二，要在此环境中配置蒙台梭利教具；第三，要有"优秀的教师"。这三点是蒙台梭利教育必备的三大要件。这三点也被称为蒙台梭利教育的三要素。对于教师和教具前面已经做过介绍，下面重点介绍一下"儿童之家"的环境。

关于"儿童之家"的环境创设，蒙台梭利说："它不必有固定的形式，只要以当时的情况与财力加以配备即可。"蒙台梭利并没有提出创设的严格标准，甚至对占地面积及建筑面积、房屋的形状及间隔、园舍及活动室的面积等都没有特别的规定。仅仅确立了以下两点：一是必须保障儿童自由，应是儿童作为主人能充分活动的场所；二是为了使儿童能充分展开内在生命，并发展身心能力而有完善准备的环境，如设置齐全的教具；等等。

设立"儿童之家"的最低限度必须有哪些设备呢？究竟哪些设备与设施最理想呢？下面结合1914年出版的《蒙台梭利儿童教育手册》和蒙台梭利学校(幼儿园)近些年的发展状况作一些基本的说明。

一、蒙台梭利教育环境创设的总目标

根据蒙台梭利关于环境创设的理念及我们对环境的理解，我们将环境定位为：儿童之家和儿童的学习场所。这也是我们创设环境的总体目标。

(一)儿童之家

这里的"儿童之家"是指孩子们可以开展活动的环境，这种环境并没有固定的形式，根据学校可调配的资金和学校能给孩子提供的机会，它可以有多种形式。儿童之家应该是一个真正的"家"，也就是说，应该有一些房间和一个花园，孩子们就是这些房子的主人。

(二)学习场所

教室及整个幼儿园应当体现出安静、独立且蕴含民族文化的氛围，使儿童能在环境中有意或潜移默化地学习。

二、蒙台梭利教育环境创设的具体原则

(一)区域齐全原则

每个教室中必须有七个相对固定的区域，一般每学期调整一次。每个区域的大小要根据本班孩子们的需要来设定，而不是平均分配。为了合理地设置每个区域的大小，教师可以做连续两周的"人口分布图"观察，根据进入每个区域孩子的人数，可分析出本班孩子的兴趣所在，从而根据孩子们的兴趣来调整每个区域的大小。

(二)满足集体活动又兼顾个别学习的原则

教室环境既要满足集体活动的需要，又能满足个别学习的需要，每个区域要半开放半封闭。半开放是为了满足集体活动的需要，保证有足够容纳全体儿童和教师的场地；半封闭是为了满足个别儿童学习的需要，保证相关区域位置的临近，使儿童能够就近活动，而每个区域又要相对独立，以免互相干扰。区域的设置要因地制宜，千万不可教条。

(三)就近操作原则

就近操作具有以下实际意义：

1. 方便材料搬运。
2. 让儿童有更长的时间用于操作材料本身。
3. 提供了保证材料安全的可能性。
4. 便于教师观察，使其能根据儿童的需要来调整区域。

(四)通道畅通原则

区域设置必须考虑教室内的交通通道，以方便儿童行走和活动。进行区域活动时，孩子之间、孩子与柜架之间、地毯与地毯之间，以及桌子与桌子之间必须留有通道，做到任何时候都畅通无阻。假如场地有限，可设计单行线运动方案，既可以保证儿童行动自如，又可以保证材料的安全。

(五)生命教育原则

教室里必须要设置有生命的动植物。必须要有一盆大叶植物和若干小型盆栽植物，以及适宜教室中饲养的小动物，如金鱼、乌龟等。这既美化了环境，又可以让儿童学习照顾动植物，从而培养他们珍惜生命、热爱生活及保护环境的责任意识。

(六)和谐之美原则

整个环境要和谐统一、协调一致且清新雅致，让孩子们体会到美的最高境界就是和谐。

(七)体现民族文化、地域文化氛围原则

体现地域文化的特色是幼儿园课程开发和实施的基本前提。课程地域化要求挖掘本地日常生活中蕴含的教育资源，从地域的自然、文化和社会特点出发，借助适合儿童学习的素材和活动，加深儿童对自己生活环境的认识和了解，培养儿童对地域文化的情感。蒙台梭利课程地域化的过程也是课程民族化和地方化的过程。

三、蒙台梭利教育环境创设的具体内容

(一)基本设施

1. 桌子与工作毯

(1)应根据每个区域的活动材料所需的操作场地的要求(必须在地面？必须在桌面？还是两者皆可？具体列表统计)来确定投放在该区域的工作毯和桌子的数量。这样既能观察到进入该区域儿童的人数及频率，以便根据需要来调整区域大小，又能让儿童学会等待。

(2)一定要认识到桌子和工作毯都是可以活动(能够搬运)的。

2. 柜架

(1)应根据学习材料的长度、宽度、高度及形状来选择适宜的柜架。

(2)一定要认识到柜架是可以活动的，并且是可以根据活动的需要而移动的。因此柜架的设计一定要方便搬运且安有轮子。(注：要用带刹车的万向轮，以保证儿童及活动材料的安全。)

(3)可以按区域来区分柜架的颜色，以此方便儿童物归原位。

(二)学习材料

1. 学习材料的投放原则

(1)材料的丰富性(数量上的保证)：每种工作材料要投放3~5份。

(2)材料的层次性：学习材料要有难易程度之分，体现从易到难的循序渐进性。每种工作材料必须体现 3 个以上的层次。

①按年龄层次分：必须要有分别适合大、中、小 3 个年龄层次的儿童操作的材料。

②按难易层次分：必须要有基础性、选修性、研究性 3 个层次的操作材料。

(3)材料的系列性：材料之间体现循序渐进的关系，以构成教学顺序。

①每种工作材料要形成系列，体现从易到难的顺序。如倾倒的工作：倾倒的材料可分为固体材料和液体材料；固体材料又可分为：大的颗粒、小的颗粒、粉末；倾倒的器皿又可分为有嘴有把、有嘴无把、无嘴有把和无嘴无把；倾倒的动作按难易程度又可分为一对一倒(即从 a 倒到 b)、一对多倒和平均分地倒。

②不同的工作材料要形成系列，构成教学顺序。如 a 工作是 b 工作的基础，a 和 b 就要放在一起，或 a 要放在 b 的前面等。蒙台梭利教育的感官材料和数学材料都有这种系列性，所以不能随意摆放，以免破坏材料之间内在的系列性。

(4)投放的材料要有数量控制。要按份投放，小颗粒必须记数。

(5)多投放选修性、研究性和程序性的工作材料，少投放一些前导性(单一的动作练习)的工作材料。

2. 学习材料的摆放原则

(1)每份工作操作必须装在一个托盘(或容器)里，以方便儿童取放。

(2)材料在教具柜上必须按份(个、套等)正面摆放，不能前后叠放、上下叠放，也不能反放、倒放、斜放，以方便儿童取放，同时培养儿童的秩序感。

(3)每份材料要按照能显现自身特点的方式摆放，便于儿童观察和选择。

(4)所有材料要统一放在距教具柜边沿约 1 厘米的位置上，材料的边沿要和教具柜的边沿平行，便于儿童观察和选择材料，同时有利于培养儿童珍惜资源、小心呵护材料的意识。

(5)每份材料之间要留有可轻松伸进两名儿童的手的空隙，便于两名儿童同时取放相邻的材料。

(6)不同的材料要按材料之间的相关性、内在联系、难易关系和教学顺序来摆放，蒙台梭利教育的经典材料必须按规定的要求摆放。

3. 自制学习材料的要求[①]

(1)要有教育目标和文化内涵。

(2)要有错误控制，即儿童能发现错误并自行订正错误。

(3)每个材料要设有 2 个以上的兴趣点。

(4)必须是半成品，即经过儿童的操作可以成为成品(成果)。

(5)儿童操作后形成的成品最好是立体的。

---

① 段云波主编：《蒙台梭利标准教具与制作》，济南，山东教育出版社，2007。

(6)可重复操作，即可拆开后再供其他儿童重新操作。

(7)能体现和谐之美。

(8)利用废旧材料制作，以培养儿童的环保意识。

(9)不是单一的动作练习，而是使儿童能够通过操作材料来学习并完整地完成一件事。

任务二　蒙台梭利室内外教育环境创设

一、蒙台梭利室内教育环境创设

(一)基本设备

1. 桌椅

桌椅的质材以木质为佳，宜轻且坚固，使儿童易于搬动；颜色宜柔和，方便儿童清洁擦拭；椅脚底部不要加橡皮垫，使儿童随时注意控制自己的肢体动作。至于桌子形状，以长方形最适宜，可两人合用；若合并，则可多人使用。如果空间足够，点心桌可采用圆形或六角形。

表 4-1　幼儿桌椅尺寸参考表

年　龄	桌			椅		
	长	宽	高	长	宽	高
1.5～3 岁	90 厘米 × 55 厘米 × 40 厘米			29 厘米 × 24 厘米 × 43 厘米		
3～6 岁	90 厘米 × 55 厘米 × 50 厘米			29 厘米 × 26 厘米 × 60 厘米		

2. 柜子

幼儿园必备的柜子因用途的不同可分为无门的鞋柜、教具柜(陈列架)，以及存放寝具、清洁用具、儿童个人衣物的有门储物柜和衣橱。这些柜子的尺寸都必须依儿童的身高设计。

3. 陈列架

可陈列、放置教具，亦可为分割空间而使用。高度宜为儿童的平均身高或略低，1.5～3 岁儿童使用的尺寸约 120 厘米(长)×74 厘米(宽)×30 厘米(高)；3～6 岁儿童使用的尺寸约为 120 厘米×90 厘米×30 厘米。

4. 工作地毯

儿童操作教具所使用的工作地毯规格建议为：1.5～3 岁儿童使用 55 厘米×75 厘米

或 50 厘米×80 厘米；3～6 岁使用 75 厘米×105 厘米。颜色大都采用灰、绿或粉红色，且素面无花纹。

地毯架可用来收纳、放置工作用的地毯。若为了节省开支，可以用藤篮、塑料篮替代地毯架。

5. 走线

蒙氏教育工作室里的地板上必须有一圈椭圆形线条(两侧呈直线，四角为圆弧)。它是用油漆画在地板上或用胶带粘在地板上的，供儿童做走线练习使用。

走线用的线与教具架或墙壁至少要间距 30 厘米，这样在活动进行中，儿童才不会碰撞教具或因靠得太近而随手玩起教具。如果画椭圆形的室内空间不够，走线的线条可设置在韵律室或具有较大空间的团体活动室里。

6. 教具

蒙台梭利教具的使用体现在日常生活领域、感官领域、数学领域、语言领域、科学文化领域五大方面。

(二)教学区的布置

1. 日常生活区(图 4-2-1)

(1)因常常需要用水，宜选择靠近水源的地方。

(2)可选择较接近门口处，以吸引儿童进入教室工作。

(3)应选择在通风、干燥处及有阳光照射的地方。

(4)在桌子上操作的工作较多，故桌子的设置应较其他区域多。

(5)需设置点心桌和清扫用具。

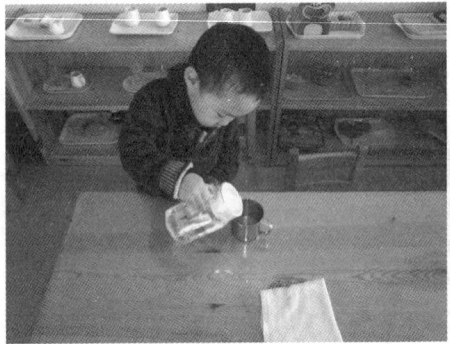

图 4-2-1

有些蒙台梭利幼儿园把日常生活区另辟成厨房区，将抓、挤、倒等日常生活训练的动作融入真实的日常生活中，如拿抹布、洗涤东西、倒水等是很符合蒙台梭利教育理念的活动。

2. 感官区(图 4-2-2)

(1)感官教具大多在地毯上操作，因此，桌子分配得较少。

(2)应避免和安静区(如语言区)相邻。

(3)应尽量接近数学区，不宜设置在教室出

图 4-2-2

入口处。

3. 数学区(图 4-2-3)

(1)应尽量接近感官区。

(2)数学教具大多庞杂,需在地毯上操作的工作较多。

图 4-2-3

(3)可放置身高器、体重器、温度计、时钟、生日卡等与数字有关的器具。

(4)数学教具的零件较多,应加强管理,可用矮柜隔出半开放空间,避免与其他教具相混。

4. 语言区

(1)语言区的工作需要思考,宜安排在较僻静的角落。

(2)宜选择光线充足、柔和的地方,以利于儿童阅读和书写。最好接近窗台,以增加舒适感。

(3)提供软靠垫、盆栽植物,营造静谧空间的气氛,并可作为儿童暂时休息的私人天地。

5. 科学文化区(图 4-2-4)

(1)临近水源、电源、光源,以利于各种实验的操作。

(2)需一定数量的桌子,以方便模型的制作。

图 4-2-4

(三)其他必备用品

其他必备用品包括:陈列教具的托盘;整理仪容的镜子;抹布、海绵、小扫帚等清洁用具;整理衣服的烫衣板、熨斗;温度计;供儿童自己计量和记录成长的体重器和身高器,以及植物或动物。

二、蒙台梭利室外教育环境创设

幼儿园外部环境包括运动设备(秋千、滑梯、平衡木、跳垫等)、游戏设备(沙坑、水池)和园艺设备等。蒙台梭利较强调肢体协调与控制的动作训练,如攀爬(图 4-2-5)、平衡(图 4-2-6)、带物平衡(图 4-2-7)等都是协调动作与控制肢体动作的运动器械。如果操场太小,训练大肌肉发展的器材可设置在大活动室内。

图 4-2-5

图 4-2-6

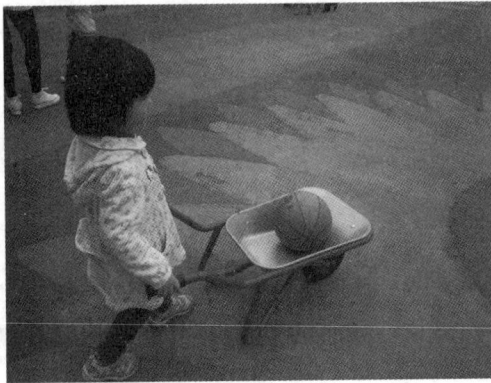

图 4-2-7

学习资源分享

蒙台梭利预备环境的评估

户外环境

1. 每名儿童是否有 2 平方米的户外活动空间？

2. 户外庭院是否栽植花草树木，并避免假山、喷泉等非自然建筑？

3. 园所附近是否有公园，是否能提供给孩子观察、探索自然环境的机会？

4. 户外活动区的规划是否便于教师监督？

5. 户外活动设施是否安全？检查是否有尖锐金属物？地面是否为软性材质？日照区和阴影区是否均衡？

6. 是否有半开放、户外的活动区，是否有利于雨天的教学活动？

7. 是否有多种体能设备供不同身心发展的儿童使用？

8. 是否有供儿童发展动作的协调能力的爬杆、平衡木、攀岩等设备？

9. 是否有一个户外储存室，使儿童能自主放回可以移动的运动器材？

10. 运动场地的排水是否良好？是否有适量的可投放垃圾的设施？

11. 是否有供儿童饲养动物、养护植物的地方？

室内环境

1. 桌椅、鞋柜、储物柜等儿童日常用具是否符合儿童的身材尺寸？并且具有易清洗、擦拭的特性？

2. 窗户的高度是否能让儿童看到户外？

3. 为了不影响儿童身心发展，空调、采光等设备是否完善？

4. 盥洗室的洗手台、马桶高度是否符合儿童的身高？数量是否足够使用？

5. 全园是否有一个大空间（阳光房、多功能厅），足够容纳儿童进行团体活动？

6. 教室的地板是否适合儿童坐卧？

7. 是否具备五大教学区？各区是否提供了适量、适龄的教具和教材？其间隔和路线是否明确、顺畅？

8. 各区教具是否井然有序且不拥挤？教具是否用托盘或者篮子、小筐陈列在教具柜上？

9. 各区所陈列的教具，儿童是否随手可取拿并知道如何归位？

10. 是否有自制并符合本土文化的文化教具、语言教具？

11. 教室内是否有一个能让孩子安静独处的地方？是否放置了大靠枕和软垫？

12. 教室的墙壁上是否挂有儿童伸手可及、平视可见的画作和实物、实景的照片（不可有复杂的抽象画，要力求真实，和儿童已有的知识相近）？

13. 教室内是否有温度计？室温是否保持在 $20\sim26℃$？

14. 吵闹和易弄脏的环境是否与安静、需保持整洁的学习区隔离使用？

15. 儿童的盥洗用具如：毛巾挂钩、拖鞋柜、衣帽柜、储物柜，是否贴上了名字？

16. 在教师视线范围内的班级是否设有静思角？帮助儿童通过观察别人、反思自己的言行以解决在教学活动中出现的各类问题？

17. 是否在语言区、数学区设置相应数量的桌子，为儿童的书写做准备？

18. 是否有具有中华各民族特色的物品，帮助儿童了解自己的文化与生活环境？是否有不同国家与民族的物品，培养儿童的世界观？

19. 是否有益智玩具（积木、拼图等），供儿童在活动间歇使用？是否配有装玩具的篮子或托盘？

20. 是否设有儿童美劳作品的陈列处和作品的展示栏？

21. 教室内是否有植物、精美的桌布、饰物等室内装饰，让儿童有家的温馨感？

22. 是否有家园共育的平台或者空间，帮助家长了解课程或儿童的发展情况？

项目回顾

内　容	掌握等级
蒙台梭利教育环境创设的目标	☆☆☆☆
蒙台梭利教育环境创设的内容	☆☆☆☆☆
蒙台梭利室内教育环境创设	☆☆☆☆☆
蒙台梭利室外教育环境创设	☆☆☆☆

思考与练习

1. 蒙台梭利教育环境创设的目标是什么？

2. 蒙台梭利教育环境创设的原则是什么？

3. 如何进行蒙台梭利室内教育环境创设？

4. 如何进行蒙台梭利室外教育环境创设？

5. 以学习小组为单位，绘制蒙台梭利室内环境创设示意图，课上分享，并进行组间评价。

项目五
蒙台梭利教学活动流程

学习目标

1. 了解蒙台梭利教学活动包括哪些环节。
2. 识记走线的年龄阶段特征。
3. 掌握开展走线、静寂游戏的方法。

内容图解

任务一　蒙台梭利教学活动

一、国内蒙台梭利教学组织形式

二、蒙台梭利三阶段教学法

三、蒙台梭利教案（展示页）的书写

任务二　蒙台梭利教学活动流程

一、走线

二、静寂游戏

三、教师示范

四、幼儿操作

助教老师播放轻音乐，儿童和老师开始走线（老师走在线内，助教老师和外教老师则和儿童一起在线上行走）。教师：眼睛看着自己的小脚，脚跟挨着脚尖；如果你和前面同学的距离太近了，请等待；双手叉腰；双手打开、放在身体两侧；看着自己的脚，脚跟挨着脚尖；好，前进；双手叉腰；音乐停止，大家围坐在一起。

以上是某幼儿园的走线活动，这样的走线活动形式你认可吗？完整的蒙氏活动除了走线环节，还有哪些？

任务一　蒙台梭利教学活动

一、国内蒙台梭利教学组织形式

蒙台梭利教学法在本土化过程中形成了不同的教学组织形式，主要有专门的蒙台梭利幼儿园、普通幼儿园开设蒙台梭利班或蒙台梭利课，以及将蒙氏教具作为区角材料操作的普通幼儿园。

(一)专门的蒙台梭利幼儿园

专门的蒙台梭利幼儿园以蒙氏教育思想为主要办园理念，依照蒙台梭利教师的标准去培训教师，依照蒙台梭利环境的要求去创设环境。课程基本以半日蒙氏活动为主，即上午的时间都是蒙氏的教学活动，下午则结合儿童的兴趣或需要，开设一些音乐、美术或逻辑思维活动。一般这些活动的主题与近期蒙氏教具的操作相关联，如近期儿童学习的是建构三角形，则在下午的美术活动中可以让儿童用三角形创意并绘制图画。

(二)普通幼儿园开设蒙台梭利班或蒙台梭利课

这类幼儿园一般是依照常规幼儿园的办园理念，部分引进蒙氏教学理念与方法，以组建个别班级或开设个别课程的形式实践蒙氏教育，与本幼儿园的其他课程平行存在。

(三)普通幼儿园将蒙氏教具作为区角材料操作

这类幼儿园一般只关注蒙氏教具的作用，把蒙氏教具作为普通操作材料来操作，如果没有专门的蒙氏教师进行有针对性的指导与支持，往往会流于形式，蒙台梭利教育的独特作用则很难发挥。

二、蒙台梭利三阶段教学法

蒙台梭利教育的教学方法主要是"三步教学法"（也叫三阶段教学法）。所谓三步教学法是儿童学习实物的操作及明确其名称的方法，即儿童对物体的命名、辨别、发音三个阶段，使用儿童能记住物体的名称(概念)。在教学时，教师所用的语言要遵循简单、客观、正确这三个原则。

三步教学法要求先选择三种要向儿童介绍的不同的学习对象，将它们放置在工作毯上，远离其他教具。在进行三步教学法时，有时也选择两种或四种学习对象，但三种最佳。开始前，要求孩子们"认真听，它们叫什么名字?"

第一步：向儿童呈现三种学习对象，协助儿童将其名称与儿童已有的经验结合。

第二步：让儿童再认识这三种学习对象，说出它们的名称，使儿童能够将该学习对象同它们的名称统一起来，并与其他教具区别开。

第三步：让儿童通过自己的亲手操作，对刚才教师介绍的教具有概念性的认识。

例如：认识色板第一盒中：

命名。教师："这是红色，这是黄色，这是蓝色(可带领幼儿跟读)。"

辨别。教师："请把红色拿给我。""请告诉我黄色在哪里?"教师闭上眼睛，"请把蓝色藏起来。"

发音。教师(指向色板)："请问这是什么颜色?"儿童："这是红色。""请你闭上眼睛。"教师把一块色板藏起来，"请你睁开眼睛，哪块色板不见了?"儿童："黄色不见了。""请问这是什么颜色?"儿童："这是蓝色。"

三步教学法在蒙氏教育中具有重要作用。在日常生活教育和科学文化教育中，三步教学法教孩子们说出使用的工具或材料的名称；在数学教育中，三步教学法教儿童认识数字、符号；在语言教育中，三步教学法可以用来教儿童认识字母，提高语言水平；在感觉教育中，三步教学法更是被广泛地用来向儿童介绍物品的名称、性质和特点。

三、蒙台梭利教案(展示页)的书写

蒙台梭利教案被通称为展示页，展示页具有独特的形式与内容，与普通教案有本质的区别，在教师示范教具前都要详细书写与绘制展示页。展示页有两类，一类是纯文字的，另一类是添加图示的。

第一类展示页由 10 项内容组成，即工作名称、工作前经验(适用年龄)、操作材料、工作目的、工作步骤、变化延伸、错误控制、兴趣点、指导用语、注意事项。详见表 5-1。

工作名称：本次展示教具的名称。

工作前经验(适用年龄)：需要儿童具备什么教具的操作经验后才能操作本教具，或本教具一般适用于哪个年龄段。

操作材料：本次展示需要哪件教具。

工作目的：直接目的，本次教具能直接实现的目标。

间接目的，本次教具间接实现的知识或能力准备。

工作步骤：操作教具先后步骤的详细描述。

变化延伸：基于本次操作可以变化的其他相关类似的操作。

错误控制：本次教具展示的错误提醒是什么。

兴趣点：儿童对操作该教具感兴趣的地方。

指导用语：教师在展示教具过程中使用指导儿童的语言。

注意事项：操作该教具时需要注意的问题。

表 5-1　第一类展示页

工作名称：
工作前经验（适用年龄）：
操作材料：
工作目的：直接目的 　　　　　间接目的
工作步骤： 1. 2. 3.
变化延伸：
错误控制：
兴趣点：
指导用语：
注意事项：

第二类展示页除以上 10 项外还增加了一项图示，即在绘制主要操作步骤时配上照片。一般是比较复杂或抽象的操作会使用这种方式绘制展示页。详见表 5-2。

表 5-2　第二类展示页

工作名称：	
工作前经验（适用年龄）：	
操作材料：	
工作目的：直接目的 　　　　　间接目的	
工作步骤： 1. 2. 3.	
变化延伸：	图示
错误控制：	
兴趣点：	绘制主要操作步骤也可贴照片
指导用语：	
注意事项：	

任务二　蒙台梭利教学活动流程

蒙台梭利教学活动一般包括走线、静寂游戏、教师示范、幼儿操作四个环节。

一、走线

(一)蒙氏教育中让儿童走线的原因

玛丽亚·蒙台梭利在《童年的秘密》中指出："儿童掌握行走的能力，靠的不是等待这种能力的降临，而是通过学习走路获得的。学会走路，对儿童来说是第二次出生，这使他从一个不能自主的人，变成了一个积极主动的人，成功地迈出第一步，是儿童正常发展的主要标志之一。"关注儿童自主能力发展的蒙台梭利认为应该把发展儿童走路的能力放在重要位置，因为这是儿童实现独立自主的第一步。

(二)走线形式的由来

蒙台梭利在讲学时曾经到过印度，在那里，她为古老而神秘的东方文化所吸引。特别是印度的瑜伽对她触动很大，引发了她的灵感。于是，她将其融入蒙氏教育的走线工作中，并配合舒缓的轻音乐，使孩子心灵沉寂，专注平静，为孩子一日工作奠定了良好的基础。同时，根据孩子生理发展的需求，走线过程可增强全身肌肉的控制能力，促进肌体的协调性，亦可锻炼孩子的意志力，益于孩子的身心发展。走线的音乐可以用播放器播放，也可由教师现场弹奏。

(三)蒙氏线的创建

蒙氏线是一个椭圆线形圈，类似于一个跑道，两边为直线，两头为弧线，可以画上去，也可以用宽5厘米左右的胶带在地板上贴出一个白色或彩色的椭圆形(图5-2-1、图5-2-2)。

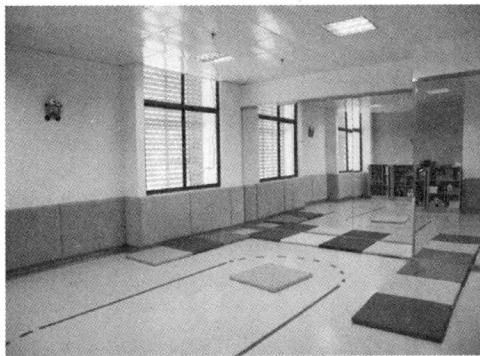

图 5-2-1

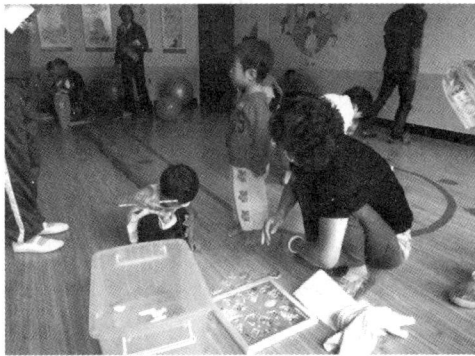

图 5-2-2

(四)走线的目的

1. 发展平衡感。
2. 锻炼大肌肉的协调能力与自我控制力。
3. 培养秩序感。
4. 使儿童充分集中注意力，稳定情绪。
5. 培养儿童对音乐节奏的感受力和反应能力。
6. 培养优雅的走路姿势。

(五)不同年龄段走线活动的开展

0～12个月：被动走线。这个年龄段的孩子还没有独立行走的能力，此时的走线一般是父母或老师怀抱孩子(让孩子的脸面向外面)，带着孩子走线。成人随音乐旋律行走时身体有节奏地晃动，婴儿可以感受音乐的韵律，并在走线过程中观察周围的环境，和前后的小伙伴打招呼，以激发孩子社会交往意识。

12～18个月：自主走线。这个年龄段的孩子已经基本学会了走路，特别是对于那些走路已比较熟练的孩子，可以让他们自主走线。有些孩子在行走时还把握不好方向和速度，成人可以牵着孩子的手，让孩子走在成人的前面，辅助他自由走线。本阶段的走线可以发展儿童的行走能力、注意力及音乐感受力等。

18～24个月：动作走线。这个年龄段的孩子已经能够自如走路，在走线时可以引导孩子加一些认识自己身体部位的动作，如"小手叉腰、小手摸肩、小手摸耳朵……"加动作时，先是加两只手动作相同的，然后再加两只手动作不同的。本阶段的走线可以发展幼儿的认知能力、平衡感、秩序感及协调能力等。

24～30个月：模仿走线。这个年龄段的孩子走线时可以增加模仿小动物的动作，如"小鸟飞来了"，双臂做飞的动作。走线时结合孩子感兴趣的小动物的典型行为，可以激发和保持幼儿走线的兴趣，有助于促进幼儿形象思维、注意力的集中与分配能力的发展。

30～36个月：持物走线。在持物走线中可持物体有很多种，应根据幼儿的能力安排使用的顺序，具体形式如下：

(1)用易倾斜的东西作线上步行——旗子。
(2)用会摇晃的东西作线上步行——珠子。
(3)用会掉落的东西作线上步行——汤匙和乒乓球。
(4)用会破裂、会洒的东西作线上步行——玻璃杯盛有颜色的水。
(5)用会发出声音的东西作线上步行——铃铛。
(6)用会熄灭的东西作线上步行——蜡烛。
(7)用会散落的东西作线上步行——积木、书籍。
(8)用会翻倒的东西作线上步行——篮子和水果等。

3～4岁：同方向运动。引导幼儿学习走线时保持距离，不推挤别人，两脚要走在线上。

4～5岁：有控制、较准确地走线。此时孩子应具备三个概念：一是控制距离的概念，与前后幼儿不推挤；二是走在线上的概念，两脚踩在线上；三是正确走线的概念，后脚尖紧挨前脚跟。

5～6岁：综合增加难度的走线。对这个年龄段的孩子，可安排其进行线上诗歌、散文朗诵等。

二、静寂游戏

(一)静寂游戏的含义

静寂游戏，又被称为肃静游戏或安静游戏，目的在于发展儿童独处的能力，增强自我控制力，并使儿童在安静的环境中建构自我的概念，培养主动学习的意识。游戏场地在工作室的走线上。

(二)静寂游戏的类型及实施

1. 聆听声音

(1)聆听声音并说出声音的名称或来源。

适宜年龄 2岁以上。

指导用语

请小朋友们闭上眼睛，我们一起来听声音，一会儿老师邀请小朋友说说你听到了哪些声音。

①聆听室内声音。

听制造出来的声音：教师在教室内故意制造一些生活中常听到的声音，如抖动纸张、拉拉链、摇晃钥匙、挪动椅子、走路的脚步声等声音。

听室内其他的声音：钟表、电器、乐器等发出的声音。

②聆听室外声音。

外界的种种声音，如汽车声、人说话的声音、鸟的叫声、雨滴的声音、风的声音等。

(2)分辨比较细小的声音。

适宜年龄 2岁以上。

指导用语

接下来，老师要用非常小的声音说一些话，请小朋友们仔细听。

①听老师叫自己的名字的声音，被叫到的小朋友轻轻地走到教师身旁，握握手等。

②轻声传话：小朋友们围坐一圈，教师选取一句简短的话告诉身旁的儿童，依次传下去。

2. 不出声的游戏

适宜年龄 2岁以上。

①问好：老师向小朋友问好，嘴巴动，不出声，请儿童按老师的方法向老师问好。

②避难训练：老师在教室里准备一些遮挡物，如纸箱，让儿童扮演小羊，躲避"大灰狼"的追捕。"大灰狼"来了，幼儿能不出声。

③比比看谁先笑：两名儿童一组，看着对方的眼睛，谁先笑，即为失败，可多次进行。

④比比看谁先眨眼：两名儿童一组，看着对方的眼睛，谁先眨眼睛，即为失败，可多次进行。

⑤123，木头人：老师说木头人的儿歌，让儿童听指令控制自己不做出相应的行为。如"123木头人，1不许说话，2不许动，3不许抱娃娃"。

3. 全脑冥想

适宜年龄 3.5岁以上。

指导用语

请小朋友们闭上眼睛，根据老师说的话去想象，一会儿老师再邀请小朋友说一说自己想到了什么。

老师可以描述一些场景，让儿童去自由想象，如"春天来了，温暖的春风吹拂着我们的小脸，在青绿色的草地上我和我的小伙伴在做着什么？"

4. 阅读分享

适宜年龄 0.5岁以上。

指导用语

接下来我们要听一个好听的故事。

教师或儿童分享一个故事或阅读一本绘本。

5. 运动量不大的小游戏(一般是手指操)

适宜年龄 0.5岁以上

指导用语

接下来我们要做一个好玩的手指操。

教师或儿童带领全体儿童做一个手指操。

视频资源

故事分享：
永不放弃的小蜗牛

三、教师示范

(一) 取工作毯

在教师进行示范课之前，要取一张工作毯。取工作毯时，可以"竖取"，教师双手握住工作毯的中间处，左手在上，右手在下；也可以"横取"，教师握住工作毯两侧，拇指在里，插到毯与毯之间的空隙内，其余四指在外，慢慢地走到儿童前方，确定好位置后将工作毯轻轻地放下。

（二）铺工作毯

教师将工作毯轻轻放下后，将其边缘轻轻展开，双手握住工作毯两侧后，将工作毯完全展开，铺平。

（三）介绍工作名称

介绍工作名称时，教师要完整地将本节课的名称告诉儿童，例如："今天老师要和小朋友们做一项有趣的工作，工作的名称叫粉红塔。"

（四）取教具

教师取教具，此时儿童的注意力会被教师的动作所吸引。因此，在取教具时教师要将动作放慢，并分解开来，最后将教具放在工作毯上。

（五）教师示范

教师示范一般是以小组形式进行的，儿童坐在教师的左手侧，避免镜面示范。教师的示范过程也是儿童学习的过程，在示范时老师要注意一边操作一边观察儿童的反应，用动作和表情去吸引儿童，也可以与儿童互动。

（六）幼儿参与

教师在示范过程中，可以请一个或几个儿童参与操作，这样既可以检验儿童对工作的掌握程度，又可以提高其他儿童的积极性。

（七）教师小结

在完成本节课的操作任务后，教师要有本节课的结束语，如："粉红塔的工作老师做完了，老师要将这项工作的教具放回感官领域的教具架，有想尝试的小朋友可以到感官区去取。"

（八）教具归位

教具归位时，教师可以自己将教具放回教具架，也可以与儿童一起将教具送回教具架。

（九）收工作毯

将教具放回教具架上后，教师要将工作毯卷起，放回工作毯架，课程结束。

四、幼儿操作

儿童操作时，教师要进行个别指导，以下对指导的内容和注意事项作简要介绍。

(一)教师指导的内容

1. 提示儿童先取工作毯，再取教具进行操作，操作练习必须在工作毯上进行(有些工作是在桌面上操作的，教师可以提示儿童先准备好桌椅)。

2. 儿童可以根据自己的兴趣自由选择教具操作，也可以由教师辅助儿童进行选择。

3. 教师作为资源随时给儿童提供帮助，并进行有效的指导。

(二)教师指导的注意事项

1. 教师的指导是一种引导而不是主导。

2. 教师的指导需要适时、适度。

3. 教师的指导需要保护儿童的操作兴趣。

"一定要按示范来"

蒙氏活动室，展示工作时间。教师在给儿童示范蒙氏教具"倒干豆"。两个罐子，每个罐子都有一个手柄和可以倒出东西来的罐嘴。它们相对着放置在一个长方形的浅盘子上，手柄分别向外侧，罐嘴相对，右边的罐子中放有大约三分之二的干豆。教师给儿童示范如何把一个罐子里的干豆倒进另一个罐子里：先用右手握住手柄，然后抬起来，把罐嘴对准另一个罐的开盖口，然后轻轻地、缓慢地把干豆倒进另一个罐子，尽量做到让干豆不撒出来。轮到儿童亲自操作了。3岁半的小男孩豪豪开始了。他用两只手抱着那个装着干豆的罐子，努力地把罐嘴对准另一个罐的开盖口，但还是不小心把干豆撒了出来，满地都是。这时老师打断了他："豪豪，刚才老师不是给你示范过了吗？你这么做不对，要一只手拿着这个罐子的手柄，你没有拿着手柄，这么抱着是不行的。来，再看老师示范一遍。"教师又给他示范了一遍。豪豪又开始操作了。他先用右手拿着罐子的手柄，可却摇摇晃晃的，怎么也对不准另一个罐的开盖口。他又用左手拿起罐子的手柄，可依旧无法对准。这时，他就两只手抱起了罐子。"豪豪，你怎么又用两只手抱起罐子了呢？你一定要按老师示范的做，用一只手拿罐子的手柄。来，老师再给你示范一遍。"这时，豪豪已经没有再看老师示范了，而是把目光投向了别处。老师再让他操作的时候，他却走开了。

蒙台梭利认为，教育介入的主要形式，必须以引导儿童向独立自主的方向发展为目标。教具操作，其目的是为了儿童在操作中通过反复的"出错—矫正"，使观察能力、推理能力逐步提高。因此，当儿童在使用教具时脱离了蒙台梭利教具使用规范时，教师应该灵活地采取应变措施，而不是反复用同一种方法去强调。

✂ 实训建议

实训目标

1. 能规范、标准地进行工作展示。

2. 能规范、完整地书写展示页。

3. 能形象、具体地设计儿童纸张作业单。

4. 能科学、创新地自制蒙氏教具。

5. 能丰富、完整地组织、实施蒙氏半日活动。

实训类型

1. 模拟工作展示：两人一组，模拟蒙氏教师角色分工和工作场景，一名模拟主班教师，一名模拟配班教师，选3～7名同学扮演儿童，模拟小组展示；也可选一两名同学扮演儿童，模拟个别展示。

2. 书写展示页：个人完成。

3. 设计纸张作业单：两人一组，依据某项工作的目标和特点，为儿童设计纸张作业单。

4. 自制蒙氏教具：两人一组，依据某项工作的目标和特点，自制蒙氏手工教具。

5. 组织蒙氏半日活动：两人或三人一组，选15～20名同学扮演儿童，设计、组织、实施完整的蒙氏半日活动，包括走线—静寂游戏—教师展示—儿童操作。

实训步骤

1. 知识讲解：包括理论介绍、注意事项说明及规则制定，这些可由教师进行，也可由学生以小组合作的方式查阅资料，然后进行集体分享。

2. 教师展示：教师展示教具的操作步骤，也可播放清晰、规范的相关视频。

3. 学生练习：学生分小组互助练习，有扮演儿童的，有模拟教师的，进行情境化演练。

4. 模拟展示：学生小组模拟展示，然后进行小组自评—组间评价—教师总结，提出问题及修改建议。

5. 修改提升：根据建议，进行修改提升，写反思总结，培养职业能力。

实训场地

蒙台梭利实训室或幼儿园蒙氏班。

注：本实训建议适用于实践篇的各个项目，教师可根据教学进度和学生掌握的情况酌情安排。

▦ 实训经验分享

书写蒙台梭利展示页

实训目标

1. 理解蒙台梭利展示页的形式与特点。

2. 能规范、完整书写展示页。

3. 有在教具展示前主动书写展示页的意识。

实训准备

空白展示页、碳素笔、彩色铅笔。

实训步骤

1. 学生自由选择本项目中的一项任务，走线、静寂游戏等，并书写展示页。

2. 两人一组互评展示页，从形式是否规范，内容是否翔实、完整等方面提出修改意见。

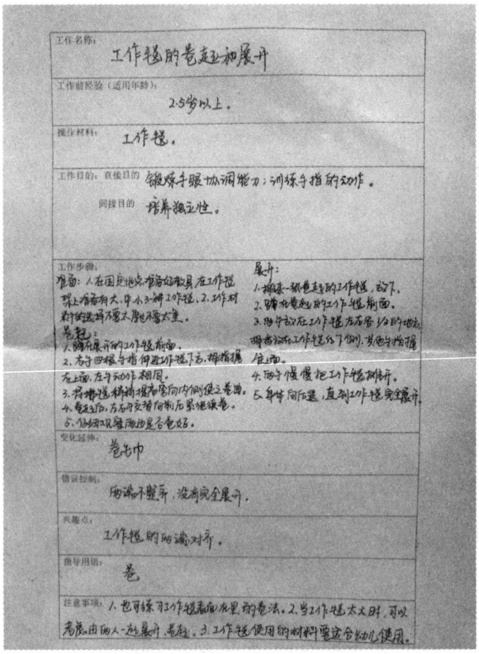

3. 修改后在班级板报上展览、分享，如图 5-2-3、图 5-2-4。

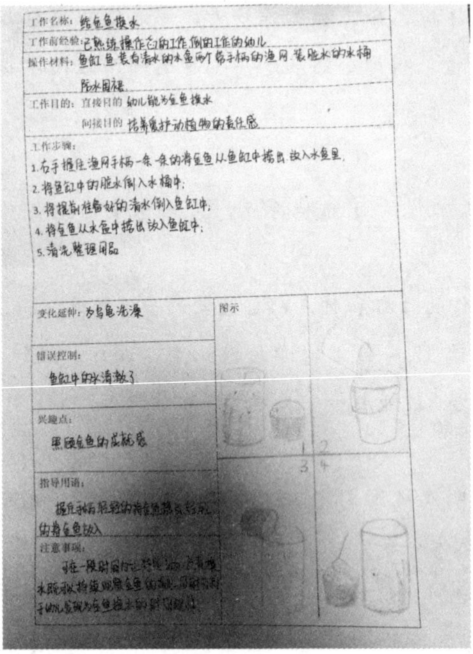

图 5-2-3　展示页 1

图 5-2-4　展示页 2

项目回顾

内　容	掌握等级
蒙台梭利三阶段教学法	☆☆☆☆☆
蒙台梭利走线活动	☆☆☆☆☆
蒙台梭利静寂游戏活动	☆☆☆☆☆
蒙台梭利教师示范	☆☆☆☆☆
蒙台梭利教师指导	☆☆☆☆

1. 两人一组模拟运用三阶段教学法。

2. 蒙台梭利走线活动有哪几个阶段？分别有什么样的特点？

3. 蒙台梭利静寂游戏活动有哪些类型？

4. 蒙台梭利教师示范教具的步骤是怎样的？

项目六
蒙台梭利五大领域教育概述

学习目标

1. 了解蒙台梭利五大领域教育的含义和意义。
2. 领会蒙台梭利五大领域教育的内容。
3. 掌握蒙台梭利五大领域教具的规律和特征。

内容图解

任务一　蒙台梭利日常生活教育
- 一、蒙台梭利日常生活教育的含义与内容
- 二、蒙台梭利日常生活教具的特征
- 三、蒙台梭利日常生活教育的目的

任务二　蒙台梭利感官教育
- 一、蒙台梭利感官教育的含义与内容
- 二、蒙台梭利感官教具的特征
- 三、蒙台梭利感官教育的目的

任务三　蒙台梭利数学教育
- 一、蒙台梭利数学教育的含义与内容
- 二、蒙台梭利数学教具的特征
- 三、蒙台梭利数学教育的目的

任务四　蒙台梭利语言教育
- 一、蒙台梭利语言教育的含义与内容
- 二、蒙台梭利语言教育的特点
- 三、蒙台梭利语言教育的目的

任务五　蒙台梭利科学文化教育
- 一、蒙台梭利科学文化教育的含义与内容
- 二、蒙台梭利科学文化教育的特点
- 三、蒙台梭利科学文化教育的目的

有人说，蒙台梭利教育也有五大领域。这个"五大领域"和《3—6岁儿童学习与发展指南》中所指的儿童学习与发展的五大领域是相同的吗？蒙台梭利五大领域教育究竟涉及哪些内容？蒙台梭利女士是出于怎样的考虑设计了这些内容？不同领域教具又各有哪些特征呢？让我们一起来了解一下吧。

任务一 蒙台梭利日常生活教育

蒙台梭利教育法的基础和前提是儿童在准备好的环境中能够自由活动，将儿童置于成人较少干涉、以儿童自我教育为主的环境之中。基于这种理念，蒙台梭利女士创立了"儿童之家"，这里的活动是遵循哪些原则安排的呢？

第一，必须有效发展儿童的三种能力，即运动、感觉和身体适应能力。儿童天性活泼好动，对各种生活劳动非常感兴趣，对他们开展的最基本的教育就应通过组织生活中常见的劳动来发展这三种能力。

第二，蒙台梭利认为儿童教育应遵循的路线是：从生理至心理，从直接感知到形象概念，从具体形象到抽象思维，从思维到道德。

第三，儿童发展是身心的整体发展，是性格、智力、情感与身体生长同步进行的。各认知领域发展之间、认知过程与情感意志发展之间、认知与性格形成之间，是相互依存，密不可分的。所以，蒙台梭利设计的所有"工作"不仅练习技能、开发智力，也锻炼儿童的意志和规则意识。

根据上述思想，蒙台梭利在儿童之家的教学内容包括日常生活教育、感官教育、数学教育、语言教育、科学文化教育五大领域。课程编排采取齐头并进的方式，各种工作练习同时进行，分级审慎推进。工作错误控制的要素可以让儿童自我矫正，只需成人最低限度的指导。下面让我们具体了解一下各领域教育的含义、内容和特征。

一、蒙台梭利日常生活教育的含义与内容

(一)蒙台梭利日常生活教育的含义

蒙台梭利非常重视日常生活教育，她在此方面的见解是很独到的。她所指的日常生活是泛指生活中的一切事物，小至照顾自己，大至照顾环境，还包括个人与环境(自己之外的人、事、物)的互动关系。

(二)蒙台梭利日常生活教育的内容

1. 基本运动

基本运动的目的是引导儿童在户外的阳光下和新鲜的空气中开展适宜的身体锻炼。结合我国学龄前儿童体育活动纲要，教师应有目的、有秩序地组织儿童参与集体和个体的户外体育活动。人的智慧与运动是紧密联系的，运动的发展能促进智力的发展，故而，教师应为儿童提供丰富的肢体大动作和精细动作的操作活动，从而发展儿童的智力。

基本运动主要包括肢体大动作和精细动作的练习。

(1)肢体大动作，如走、坐、立、跳、爬、拿、搬、放等。

(2)精细动作，如五指动作：抓、拧、挤、捏、贴、穿、缝、剥、折等；运用工具的手部动作：捞、倒、舀、剪、切、削、搓、夹等；分开的动作：分固体、分液体等；日常生活中的动作：扫、系、磨、筛、擦、刷、捣、冲泡等。

2. 社交礼仪行为

社交礼仪行为即文明礼貌的行为习惯，它是蒙台梭利教育的必修课，是文明发展的客观要求，是人们在社会交往中必不可少的因素。所以蒙台梭利教师要一一为儿童展示语言和行为的礼仪规范。

社交礼仪行为包括开关门、打招呼、应答的方法，以及与人接触的方法；感谢与道歉、递交物品的方法；咳嗽、打喷嚏、打哈欠需注意的问题，以及轮流使用户外游戏器材、团体游戏的规则和倒茶的方法等。

3. 对环境的关心

为他人、为集体服务，是对儿童进行社会情感与能力教育的重要内容。儿童通过个人或集体的工作，体验劳动过程的辛苦与成功后的快乐，从而发展儿童的独立精神、自信心与克服困难、完成任务的自控力与意志力，促使他们形成有责任心、勤劳、俭朴、合作、分享、奋斗的品质。

对环境的关心包括：工作准备，如地毯的搬运、展开、清理等；扫除，如打扫室内、使用刷子、使用掸子、擦洗桌子等；洗涤，如给桌布消毒等；用餐准备，如准备茶会、饭盒等；庭院工作，如捡拾垃圾、拔草、剪枝、松土、浇水等；植物栽培，如盆栽、播种等；照顾小动物等。

4. 对自己的照顾

自我服务的目的在于为儿童今后的活动奠定生活基础，发展儿童的秩序感、自信心以及完整活动的意识。

对自己的照顾包括：携带物品的整理(如书包、鞋、伞)；东西洒出来，掉落时的处理；照镜子；梳头发；擤鼻涕；衣服的穿脱；鞋子的整理(如擦鞋、洗长筒靴)；洗手；等等。

二、蒙台梭利日常生活教具的特征

蒙台梭利设计制作的日常生活教具，现成的、可利用的只有小木桩与衣饰框，其余的都要教师结合生活实际来设计，这是一个难点，需具备以下特征：

1. 安全：用具的材料、形状、重量等都要从安全的角度出发，避免给儿童的身体造成伤害。

2. 标准：用具要从儿童的年龄、体重以及身高出发，避免儿童参与活动时力不从心。

3. 真实：用具是儿童在生活环境中常见到的，要符合他们的生活习惯。

4. 美观：用具要能够吸引儿童的注意力，并且要美观大方。

5. 适量：用具并不是越多越好。

6. 本土化：考虑国家、地区地理上及文化上的不同，充分选取体现国家、民族、地方特色的物品，继承与发扬地区文化特色。

三、蒙台梭利日常生活教育的目的

(一)为儿童身心持续性发展和学会生存奠定基础

日常生活教育通过把日常活动进行细化，划分为一个个具体的动作，并在"学校"里进行实践练习，从而让孩子们适应社会环境，奠定独立生活的基础。在日常生活领域中为儿童准备的工作都是生活中真实要做的工作，只要物品和用具的尺寸方便儿童使用即可。蒙台梭利认为儿童是在实际动手的活动中寻求生活秩序，并能适应现实生活中的活动需要。所以，"日常生活练习"就是儿童通过操作现实生活中所应用的事物，从而被潜移默化的文化遗产同化，并且在同化过程中调整自我以达成适应并创造更高层次文化的目标。那些喜欢模仿成人行为的儿童可以自由地通过日常生活进行练习。蒙台梭利认为儿童的日常生活练习主要依赖身体活动，这种"运动"有助于儿童骨骼的发展，并能促进儿童心理的健康发展。

(二)为建构儿童完整而良好的人格奠定基础

日常生活练习的主要目的是培养孩子的爱心、对他人的尊重和关心，以及与他人交往的能力；同时，劳动可以锻炼身体的各项机能，也可以培养儿童的专注力、判断力、洞察力及耐心等。日常生活练习可以帮助儿童形成对待生活的良好态度与习惯，为儿童更好地适应未来的社会生活做准备。现今很多孩子都是被长辈爱着、宠着，有些从来没有独立生活的经历，没有面对困难和挫折的勇气，也没有面对未知生活的决心。所以，从某种意义上说，日常生活练习能够弥补家庭教育的不足。

任务二 蒙台梭利感官教育

一、蒙台梭利感官教育的含义与内容

(一)蒙台梭利感官教育的含义

感官教育以系统的感官教具为依托，通过系统而反复的感官训练，强化儿童肌肉、神经及感觉器官的发育，以便开发智慧。进行由感官教育，能帮助儿童自然地发展，为培养儿童健全的人格打下良好基础。

(二)蒙台梭利感官教育的内容

1. 视觉教育

视觉教育的目的是发展儿童的视觉，以提高其视觉的敏锐性。

视知觉统合能力，并非一般所说的有没有看见、近视或远视等视觉上的问题，而是指眼睛对于线条、角度、图形等的判断、记忆、辨识是否能够整合的能力。

蒙台梭利视觉教育的主要目的是让儿童学习分辨物体体积、颜色、形状等物理特性。用来实施视觉教育的教具包括：粉红塔、棕色梯、红棒、圆柱体组(带插座)、彩色圆柱体组、色板、几何图嵌板箱、几何立体组、建构三角形以及二项式与三项式。除了对颜色的分辨外，蒙台梭利视觉教育特别强调维度(Dimension)的概念："所谓维度，是指物体的长、宽和高，任何物体都有这三种维度，平面有两个维度，而线只有一个维度，维度是一个抽象的概念，存在于大自然无数的物体中。"蒙台梭利将这个抽象概念带入视觉教育中，使抽象概念具体化。由于物质被单一化，所以儿童在操作时容易得到具体的观念，这种刺激孤立化的原则，在蒙台梭利视觉教育中随处可见。例如，在体积辨识方面，蒙台梭利曾以三组积木分别表示粗细、长短与大小的概念，也就是说这三组积木各代表一种刺激，儿童可以很明确地了解教具所传达的概念；又如在教导颜色的辨认时，蒙台梭利不会拿真实物品告诉儿童物品所呈现的颜色，因为如此一来，儿童的注意力将会落在物体上，使得颜色的刺激无法凸显出来。

2. 触觉教育

触觉教育是接触物体表面的感觉训练，用于提高儿童触觉的敏锐度。

触觉教育在蒙台梭利感官教育中占有极其重要的地位，除了对物体表面的触摸、辨认以外，还包括温度感、重量感。用来训练儿童触觉的教具有触觉板、装有各种质料的布盒、温觉筒、重量板、几何立体等。蒙台梭利这样描述触觉教育："我教导孩子如何去触摸，也就是教导他触摸表面的方法。因此我有必要轻轻捏住孩子的手指，带着他贴在表面上非常轻地滑过去，这些技巧的另一特点是，告诉孩子要闭眼睛触摸，为了鼓励他这么做，我们可以告诉他，这样才更能感觉之间的差异，引导他在不使用眼睛的情况下，分辨不同的接触面。"

3. 听觉教育

听觉教育是通过变化声音的强弱程度，提高儿童对声音的敏锐性。

蒙台梭利在《发现儿童》一书中指出："听觉教育的课程我是如此进行的：我要教师先让教室安静下来，接着我继续工作，以便把安静导入更深沉的境界。"诚如前面所言，蒙台梭利教导儿童辨别声音时，要求"绝对肃静"，也就是先让儿童做"寂静的练习"。这种静寂练习具有积极的意义，儿童在静默当中，不仅体会到外界的肃静，同时享受到内心真正宁静的愉悦。蒙台梭利认为，只有在绝对的肃静中，儿童才能体验噪声与和谐声音的不同，进而能对悦耳的声音产生认同感，这便是培养欣赏和谐之美的开始。一个懂得欣赏生命和谐、恬静之美的人，必然能散发出一股高贵的气质，使生命因此而获得更多的力量显得愈发清新。

蒙台梭利认为，"钟"代表着爱，悠扬的钟声能使儿童产生共鸣，所以她使用了米兰第一间"儿童之家"的指导员马可罗尼女士创作的一套 13 个钟的教具来训练儿童的音感。而为了与乐音做比较，蒙台梭利使用小筒子，在里面装入不同的东西，如沙子或小石子等，使其成为各种杂音的来源。这样儿童便可以用"音感钟""杂音筒"来做比较。音感的培养是音乐教育的基础，蒙台梭利主张使用弦乐器来进行音乐教育。因为"简单而原始的乐器最适合用来唤醒小小心灵中的音乐"，而弦乐器正好具备了这样的特质，特别是竖琴，象征着"人的内在气质"。此外，蒙台梭利发现儿童对音乐的旋律较有感受力，对音调则比较不敏感，所以主张使用旋律来产生"教育上的纪律效果"，使儿童的行为产生自发性的秩序。

4. 嗅觉和味觉教育

嗅觉教育是用鼻子来感觉气味的教育，有助于锻炼儿童对各种气味的敏感性；味觉教育则是用舌头来感觉味道的教育，有助于提高舌头对味道的敏感性和灵活性。

嗅觉与味觉的练习是蒙台梭利认为最困难的部分。她认为孩子的嗅觉并不是特别敏锐，因此很难用感官教育的方法吸引他们的注意力，对于幼小的孩子更是如此。因此蒙台梭利在训练孩子的嗅觉时，会将不同的花、香水、杏仁、薄荷等具有特殊气味的物体放在幼儿的四周，以吸引孩子的注意力，并引导其以蒙住眼睛的方式来辨别各种气味。

至于味觉教育，蒙台梭利主张让孩子去品尝酸、甜、苦、咸四种简单的味道，因为这是舌头能感受到的四种主要的味道。此外，在品尝各种味道之前，蒙台梭利要求儿童先漱口，以避免味道混淆，这也提供了卫生教育的机会。除了让儿童品尝四种味道外，蒙台梭利也建议让儿童在三餐中去练习味觉与嗅觉，因为这是训练这两种感觉最自然的时机。

蒙台梭利的感官教育不只刺激和训练了儿童的感觉器官，同时也促进了感觉和知觉的发展，有助于儿童的概念形成。

二、蒙台梭利感官教具的特征

(一)刺激的孤立性

所谓刺激的孤立性，就是把物质中的每一种属性分离出来，当属性从具体的实体中抽离出来后，就会成为一种抽象的概念。蒙台梭利将每种抽象概念整合到感觉教具中，使得抽象概念得以具体化。例如，以抽象属性如颜色、空间、气味、声音来区分教具，使教具具有明显的差异。孩子在操作这些教具时便能将注意力集中在物体的明显特征上，帮助其分类及分析教具的各种性质。例如，将一盘西瓜摆在孩子的面前，然后告诉他："这是西瓜，有绿色的果皮，红色的果肉，形状是圆形或椭圆形，吃起来甜甜的。"如此介绍虽将西瓜所有的属性都说出来了，但是孩子无法一一记下来，倒不如每次只提供一种属性，待孩子一一了解属性后，再呈现整个西瓜的概念。

(二)由少数对比明显的刺激到多数差异细微的相似刺激

感官教具中每种感觉刺激的呈现方式，都是先从对比明显的少数刺激开始，如先辨别黄、红两种颜色，再区分黄、橙两种颜色，继而由深到浅渐次排列。儿童先学会较为明显的、容易辨识的刺激，再慢慢地进入序列的概念，最后加入相似的概念，使儿童了解一系列对比与相似的完整概念。儿童具备了观察细微刺激的能力，也就为他们将来学习阅读提供了准备，即发展了视觉辨识能力。

(三)具有 P(配对)G(排序)S(分类)特性

对新事物的认识和了解，先是要进行观察，再对事物的各种基本特性进行比较，从而获得经验，认识事物。为了使感官教具能够达到促进感官教育的目的，蒙台梭利在长期观察孩子活动的基础上，认识并了解了其中的根本要素——感官教具的制作必须符合儿童的认知条件。蒙台梭利通过"发现同一属性的物体""分类""确定等级、排列顺序"三种操作方法帮助儿童运用教具实现感觉的发展，并为以后各种活动的发展奠定基础，这也是人们认识事物所必须具备的基本条件。P(配对)是指找出类似属性的教具；G(排序)是指把教具按照一定的顺序进行排列；S(分类)是指对教具所具有的属性进行归类。以上三点是感官教具自身所具备的特性，也是蒙台梭利感官教育内容的三个重点，任何感官教具至少需要具备以上三个中的一个特性。蒙台梭利如何运用各种要素设计和制作感官教具，请参见表 6-1 来理解。

表 6-1 蒙台梭利感官教具所涉及的要素

感官教具	要素			感官教具	要素		
插座圆柱体	P	G	S	几何立体组	P		
粉红塔	G			二项式、三项式	P	G	S
棕色梯	G			砂纸触觉板	P	G	
长棒	G			布盒	P		
彩色圆柱体	P	G	S	重量板	P	S	
色板	P	G	S	温觉板	P	G	
几何图形橱	P	S		听筒	P	G	S
建构三角形	P	S		嗅觉瓶、味觉瓶	P		

"配对""排序""分类"这三种思考方法是人们为了掌握智能，进行逻辑思考的基础，人们不论是处理生活中的事物还是创造某种事物，都会依靠 P 或 G 或 S 的思考方法。人的成长就是在不断"发现物体的同一属性""配对""分类"交替进行着。例如，婴儿在出生后不久，会睁大眼睛看着身边发生的一切，对身边的声音寻找匹配的对象——他们各属于哪些人，并对声音进行排序，并记住哪些是很重要的。在他有能力做他感兴趣的事情时，在做的过程中要分清类别才能够做得正确，这就是三要素和自然成长规律相符的体现。

三、蒙台梭利感官教育的目的

(一)扩大知觉的领域，奠定智慧发展的基础

并非人人都具有极高敏锐度的感觉，然而当我们能更充分且正确地使用感官，我们便可能增强其熟练度，智慧也就能够正确灵活地运行。所以蒙台梭利认为，如果我们的感官能够练习得更敏锐，那么即使只是属于芸芸众生中的一点短暂的成就，也会具有极大的价值，因为就在这一刻，个体发展出了基本的概念，形成了智能的模式。

(二)将累计的感官印象加以整理，使个体拥有井然有序的心智

蒙台梭利认为儿童 2.5～3 岁时，已经吸收了极为繁多的感觉印象，这些印象逐渐积累，在没有整理的情况下，变得混乱而模糊，所以她形容这时候的儿童是"一个不清楚自己所继承的财富，却又希望透过专家的协助来了解其价值，并能加以编目、分类，以能完全控制这些财富的人"。我们必须给予儿童一种正确且具有科学性的引导，使这些混杂的现象能够秩序化，并使内在的概念明确化。这便是蒙台梭利感官教育的第二个目的，而且蒙台梭利认为这个目的的重要性更大于前者。

蒙台梭利为了协助儿童拥有井然有序的心智，设计了一系列的感觉教具与活动，并认为这个年龄的儿童具有的敏感力，是有助于这种辨识与分类活动进行的。当儿童从事感觉活动时，会立刻与遗留于肌肉记忆中的概念相互联结，使儿童将外界事物与语言加以联结而理解。例如大小与红蓝的不同，儿童是可以理解前者是体积的差异后者是颜色的差异的，并逐渐认知到各种序列的对应活动。随着知识基础的奠定与累积，儿童的自我世界不断拓展与丰富。

(三)引导儿童自发性的自我教育

蒙台梭利认为智能不足儿童与正常儿童在使用根据分阶段刺激原理制造的教具时，其间最大的差异在于："用于智慧不足儿童身上，会使他变得有接受教育的可能，用在正常儿童身上时却能引发自我教育。"

蒙台梭利在她的教学方法中加入了观察与自由两项原则，这使得教师"其实除了观察以外无事可做，教师教得少，观察得最多，她的作用是引导儿童生理与心理发展[①]"。这使得儿童的自由受到前所未有的重视。当儿童拥有一定限度的自由时，他必须学习为他的自由做适度的选择与管理。儿童可以自由选择学习的方式和材料，因此提供一套能够增进幼儿感觉能力，促使儿童认知发展的教具就变得十分重要。蒙台梭利期待通过有系统、有次序的教具操作工作能为儿童奠定稳固的智慧基础。她曾这样形容蒙台梭利教具："我们的教具使自发性教育成为可能，使感觉的组织教育可行，这样的教育不是靠教师的能力，而是靠教具体系来完成，呈现的实物首先吸引孩子自发性的注意，其次包含合体的层次刺激。"当儿童能够自发地探索周围环境时，智慧活动便逐渐展开，蒙台梭利强调感觉训练是教育的起点。

(四)及早发现感官功能的障碍而加以矫正

3～5岁是儿童感觉最敏感的时期，通过具有科学性的感觉训练，许多感官功能的障碍是可以逐渐被矫治的，这正好说明了为什么感觉教育最初的实施对象是智力障碍儿童。例如：儿童选色与用色的过程可以显示出其内心的状况，喜用暖色的显示出内心的平安喜乐，喜用灰色的显示出内心的不安与忧虑，红色代表活力、生气，蓝色代表忧郁；观察儿童使用色板的情况，可以发现儿童的心理和生理缺陷，以便及早确认、及早治疗。

---

① Maria Montessori：The Montessori Method. Translated by Anne. E. George，N. Y.：Frederick A Stoke-ComPany，1912，p. 173.

任务三　蒙台梭利数学教育

一、蒙台梭利数学教育的含义与内容

(一)蒙台梭利数学教育的含义

儿童的生活需要数学，也离不开数学。例如：孩子常会遇到这样的问题"家里有几个人，又来了几位客人，需要准备几组碗筷，如果需要去超市购买，买多少最合理"。由此可见，要提高儿童的生活能力必须发展儿童的数学心智。

蒙台梭利通过对人类的观察和研究发现，人类的学习过程遵循由简单到复杂、由具体到抽象的规律。数学概念是非常抽象的，要让儿童觉得数学容易学习的最直接的方法就是以具体、简单的实物为起点，让儿童在动手操作中学习。先让儿童了解实物的多与少、大与小，然后再自然联想出具体与抽象的关系。蒙台梭利数学教育就是利用日常生活中常见的素材和教具，帮助儿童从生活中认识和掌握数学知识，激发儿童的数学心智潜能。

蒙台梭利数学教育即是以培养儿童对数的了解，感知数的概念，初步了解数量关系及运算法则，激发儿童学习数学的兴趣，发展逻辑思维能力及想象创造能力为目的的教育。

(二)蒙台梭利数学教育的内容

1. 十以内的点数活动

十以内的点数活动主要是帮助儿童建立数概念，理解 1～10 的数量、数字、数名之间的一一对应关系。

要培养儿童数概念，不仅要教他们将数名正确无误地说出来，而且要注意引导儿童理解数概念形成的所需条件。感官领域的操作和学习是数学学习的基础，同感官领域围绕配对、排序、分类三种操作的练习一样，数学领域的学习也是采用类似方法逐步让幼儿了解、掌握数的基本概念。

首先，我们应该知道为什么要进行配对的操作。因为通过这样的操作，可以使儿童发现配对与等值之间的关系，在此基础上，让他们开始学习、理解和掌握数的基本概念。其次，我们还应该知道为什么要学排序的操作。因为数本身具有大小、多少的性质，说明数是存在顺序的。就自然数来说，我们通常见到的 1、2、3、4 等就是按顺序排列的。所以，我们可以通过分级排序的练习，让儿童建立大小、多少的概念。最后，为了能让儿童正确掌握数学运算，成人要支持儿童建立起整体与部分的概念，并理解二者之间的关系。因为在进行加、减运算时，幼儿往往考虑到了整体就忽略了部分，考虑到了部分就忽略了整体。而分类的操作练习，则可以让儿童深刻体会到这些概念及其相互联系，比如数位的位置与代表意义的规律，就是类的概念。

数概念的建立是通过配对、排序、分类等方式完成的。如数棒与数字卡片的配对帮助幼儿将数量与数字一一对应；砂纸数字板的排序则将数字与数名一一对应；数字与筹码则通过分类帮助幼儿将数字、数量、数名三者一一对应起来，同时理解了奇数与偶数的特点。

2. 十进位系统

十进位系统主要是帮助幼儿认识进位，从 1 变 10，从 10 变 100，从 100 变 1000，如工作"9 的危机"等。

3. 连续数的认识

连续数的认识关键是认识十进位法的基本结构，主要包括认识 1～100 的连续数、十位数和个位数的排列等，教具主要有塞根板、100 板、10/100/1000 串珠链。

4. 四则运算

阿拉伯数字可以按照定位计数，这样不但有利于记录数字，也有计算数字的功能。因此，阿拉伯数字不仅可以用于加、减、乘、除运算，还能用在十进位法及定位上。只要掌握了基本的运算法则，任何位数的数字都可以进行运算，故而首先要使儿童建立加、减、乘、除的概念。主要涉及的工作有银行游戏、邮票游戏、加/减/乘/除法板等。

5. 分数的导入

分数的导入主要是帮助儿童了解数的分解与平均的概念。平均分配一样东西是儿童日常生活中经常遇到的问题，本部分的主要教具是分数小人。

二、蒙台梭利数学教具的特征

(一)以感觉教育作为数学教育的基础

感觉是儿童认识世界的通道，儿童在感知中了解事物之间的关系，促进逻辑思维能力的发展。感觉教育让儿童在感知中观察，在观察中比较，在比较中配对、排序、分类，这些都是儿童形成数概念的基础。

1. 感官教具中配对(P)的操作能为幼儿理解数学中的等值概念做准备

在操作感官教具时，包括找出同样属性的教具操作，如插座圆柱体第一次展示配对，或在色板的操作中找出相同的颜色的操作，目的是让儿童积累等值的经验，如在数学中可以用数字 2 表示 🍎🍎 数量，即 🍎🍎 是 2 个苹果，用图片表示的苹果与数字表示的苹果数量是相同的，所以配对的操作可以为儿童学习数概念、计数、点数等打下基础。

2. 感官教具中排序(G)的操作能为幼儿理解数列概念做准备

圆柱体有大小的顺序，长棒有长短的顺序，色板有明暗的顺序，数本身便具有大小或多少的性质，而且数本身也有 1、2、3、4 数列的顺序。这些操作可以让儿童了解各种变化的量之间的各种关系。

3. 感官教具中分类(S)的操作能为幼儿理解运算法则做准备

感官教具中有收集相同的东西加以分类的操作，如神秘的口袋等。儿童在做加算、减算时，要理解数位是不同类的量所在的位置不同，了解数位、全体与部分之间的关系非常重要。儿童往往考虑到全体就忘了部分，考虑到部分就忘了全体。利用数做分类的操作，知道其连贯关系，才能开始进行运算。

(二)从真实的数量认识着手

数概念是抽象的知识，数棒等教具的操作用看得见、摸得着的方式将抽象知识具体化、生活化，这不但适于儿童的学习方式，还能促使儿童把数学与生活紧密联系起来。数学来源于生活，也服务于生活，相关教具还有锤棒箱等。

(三)重视数字、数量、数名三者之间的关系

学习数学要从数开始，学习数必须知道数量、数字、数名与数的关系，三者当中的任何一个都不能完整代表数的概念，通常我们所说的数，是数量、数字、数名的总体概念。我们要想认识某一个数，就要知道这个数的大小、符号和名称，大小即数量，符号即数字，名称即数名，只有建立起三者之间一一对应的关系，才是掌握了数的基本概念，相关教具如数棒、数字与筹码等。

(四)使用阿拉伯数字，并统一字体

阿拉伯数字的特点是简单易懂，可以任意组合，所代表的量可以无限延伸，可以用有限的数字表示无限的量。如一百一十一，可以写成 111，每个数字的位置可以表示它所占有的量。蒙台梭利利用数字卡片提示儿童掌握数字的表达作用，如 111，即在 100 的数字卡上叠放表示 10 的数卡，再在代表 10 的数卡上叠放表示 1 的数卡，相关教具如砂纸数字板、数字与筹码、纺锤棒箱、银行游戏的数字卡片、邮票游戏等。这些教具所使用的阿拉伯数字字体是完全相同的。

(五)重视"0"的概念及十进制的计算

进行十进位系统的工作首先要让幼儿认识 0 与进位的关系。譬如数字"10"，要理解"10"中的 0 代表的意义，就要先取走"0"。当我们把"10"中的 0 移去后，"10"就会变成"1"，而我们所要表达的不是 1 而是 10，于是就约定在"1"的右边放一个"0"，写成"10"，这就代表了数字"10"。因此"10"中的"1"是由右往左算的第二个数字，表示 10 位的数字，

0是空位，这个位置上什么数都没有。

由上面的叙述可知，"0"认识起来比较抽象，因为它表示什么也没有，没有就不可被触摸，也无法直观地看到。"0"在十进位法中的作用，是为了表示空位，是为了便于我们更清楚无误地记录和运算而设置的。

(六)为了表示定位或进行数量计算，在教具的数字和数量上采用"颜色归类"原则

定位和计算是极抽象的数的科学，传统的接受学习呆板而枯燥，而蒙氏教学是通过具体的操作让儿童自己去发现规律。"颜色归类"其实是儿童在操作中进行发现学习的一种提示。例如：邮票游戏的个位、十位和百位数字分别采用的是绿色、蓝色和红色，借助具体形象的颜色理解定位、掌握定位；彩色串珠也是将颜色与数量对应起来，一般会说"红色串珠1""绿色串珠2"等；在加减法蛇的运算中颜色则成为相应数量的标识，使计算简单化、形象化、儿童化。

(七)采用验算或控错板的形式来达到错误提示的功能

数学领域虽然相对抽象，但仍然具有支持儿童自主学习的错误控制功能，如100板。

三、蒙台梭利数学教育的目的

蒙台梭利认为，数学教育有两大目的，一是直接目的，就是通过儿童的生活经验，让儿童熟悉数字、数量、图形，建立起相关的抽象概念，并明白它们之间的逻辑关系；二是间接目的，就是通过数学教育，发展儿童的数理逻辑智能，增强儿童对人类文化的吸收和学习，提高儿童的整体素质，促进儿童完美人格的发展[①]。所以在教学过程中必须结合幼儿的发展阶段和年龄特点，采取适当的教学方法，采用适当的教具，使教学过程和手段更加优化，从而达到满意的教学效果。具体来说，就是要根据每个儿童的注意力集中情况、逻辑思维能力、理解能力等，利用灵活的教学方法和相配套的教具，给予他们适时、有效的指导，使他们最大限度地掌握知识。同时，让儿童学习数学决不能以考试为目的，而应该让儿童在了解"数"中得到满足和喜悦，进而培养他们对数理知识的兴趣。

---

① 林丽等：《蒙台梭利数学教育》，长春，北方妇女儿童出版社，2011。

任务四　蒙台梭利语言教育

一、蒙台梭利语言教育的含义与内容

(一)蒙台梭利语言教育的含义

蒙台梭利语言教育旨在培养儿童听、说、读、写的能力,让儿童了解如何书写和阅读,形成一定的阅读与书写习惯及对阅读的兴趣,并增强口语表达能力、强化听力与阅读能力,提高书写能力。

蒙台梭利语言教育可以分为口语与文字教育两个方面,蒙台梭利指出口语教育要从交谈身边的事物开始,要把儿童放在有准备的环境中,要得到成人的支持。考虑到儿童是通过认识生活中常见的符号与标识对文字产生兴趣的,文字教育要按儿童心理发展过程,从具体到半具体再到抽象来进行。

(二)蒙台梭利语言教育的内容

1. 听觉练习

(1)听力专注练习(如闭上眼睛听)。

(2)方位辨别练习。

(3)听力差异性练习(如听不同的音色,辨别小猫、小狗的声音差异)。

(4)听力解析性练习(如描述性语言的解释分析)。

(5)听力连接性练习(如上下句连接,听一句,接一句)。

(6)听力记忆性练习(如复述)。

2. 口语练习

(1)口语词汇练习(如词语接龙游戏:成千上万、万紫千红、红光满面……)。

(2)口语连接练习(如教师编故事的开头,让幼儿往下接)。

(3)口语记忆练习(如传话游戏)。

(4)口语经验的建立(如分享观点)。

3. 视觉练习

(1)视觉差异练习(如找相同,找不同)。

(2)视觉转移练习(如大小图片的配对工作)。

(3)视觉连接练习(如展示名字卡片,让幼儿发现其中的连续性)。

(4)视觉记忆练习(如展示一张图片后让幼儿记下来,说自己看到了什么)。

(5)视觉专注练习(如图片找不同,找出各部分的情节,教师将其做成词条请幼儿来讲)。

(6)视觉解析性练习(如拼图)。

4. 书写预备

铁质嵌板:一种几何图形嵌板,儿童用来进行书写的运笔练习的教具。

砂纸拼音板:砂纸与木板做成的汉语拼音板,可供儿童结合触觉进行练习的拼音板教具。

5. 阅读

(1)图片和文字结合在一起的阅读。

(2)图片和文字分开的阅读。

(3)连词阅读。

(4)人物关系阅读。

(5)短句阅读。

(6)长句和文章的阅读。

二、蒙台梭利语言教育的特点

语言是人与人沟通的桥梁,语言教育对培养儿童的语言交际能力和表达能力发挥着重要作用。蒙台梭利认为儿童的语言能力并不是先天遗传的,而是通过自身不断地从周围的环境中吸取相关经验,再经过大脑转化成语言机制而形成的。儿童的语言是伴随着对这个世界的认识而发展的,在认知的基础上进行思维活动,为儿童的智力发展奠定了基础。蒙台梭利主张为儿童提供丰富的语言环境,以促进儿童语言能力的发展。接受过良好语言教育的儿童,会跟别人交流,能更好地表现自己,这样儿童的心理就会更健康,有助于其形成积极向上的健康人格。阅读是儿童能力发展的重要方面,也是一种帮助儿童获取知识及生活经验的重要途径。在成人的指导下,借助一些图文并茂、生动有趣的书籍,儿童将逐渐学会阅读。蒙台梭利语言教育非常重视培养儿童的阅读兴趣,其主张采用图文结合的方式,为儿童营造一个轻松有趣的氛围,让儿童能够反复阅读喜欢的儿歌和故事。在阅读中,儿童可以尽情想象,不受任何限制,这样能够激发他们的想象力和创造力;同时,阅读还可以让儿童感受美、感受爱,培养孩子的情绪智力。

总结而言,蒙台梭利语言教育具有这样几个特点:注重以口头语言练习为基础发展儿童的书面语言;尊重每名儿童的生活文化背景和民族特色;语言活动和教具的设计符合儿童语言发展的敏感期。

三、蒙台梭利语言教育的目的

首先,通过语言教育使儿童能理解他人语言活动的含义,表达自己的想法或经验,正确使用日常生活中的必要词汇。

其次，满足儿童书写的需要，培养正确的语言技能。

最后，促使儿童喜爱阅读书籍或欣赏视听材料，发展其想象力，培养良好品格。

任务五　蒙台梭利科学文化教育

一、蒙台梭利科学文化教育的含义与内容

（一）蒙台梭利科学文化教育的含义

蒙台梭利认为儿童是环境的一部分，也是文化的一部分。蒙台梭利倾向于把科学文化作为一个整体，在教育内容上从宇宙万物开始，让孩子们了解到宇宙的万事万物(有生命的和没有生命的)都是互相联系和互相依存的。蒙台梭利让孩子们通过多种感官感知世界，从而获得丰富的感性经验，并通过精心设计的教具和环境了解更多的细节内容，使得那些大人们看似很深奥的知识和经验，能很自然地纳入儿童的知识结构之中。

蒙台梭利指出，儿童对文化学习的兴趣萌芽于 3 岁，到了 6～9 岁会出现探索事物的强烈要求，因此，这时期"孩子的心智就像一块肥沃的田地，准备接受大量的文化播种。"成人可在此时提供丰富的文化资讯，以本土文化为基础，延伸至关怀世界的大胸怀。蒙台梭利主张在 3～6 岁儿童的教室中，利用生动具体的教具让儿童浸润在文化的世界中。她认为儿童的吸收心智能够从四周吸取文化方面的知识，并保留在记忆深处，直到多年后这些记忆犹如天赋般的能力成为幼儿心智的一部分，使他比别人能更有效且正确地理解文化方面的抽象知识。

蒙台梭利的科学文化教育包括动物、植物、历史、地理、天文、地质、科学实验及人体生理现象等，它体现了一种自然的倾向，一种生活化的教育内容，每一个类别在教育中都要从大的概念开始逐步细化。蒙台梭利科学文化教具主要分为自然科学和人文科学两类。自然科学包括：动植物部分、天文地质部分、科学部分。自然科学介绍了自然世界中的动物、植物、矿物、岩石、天文、气象、物质、能量、宇宙等。人文科学包括：历史部分和地理部分。人文科学介绍了世界地理观、各国度的风俗文化及因时间演变所发生的故事。

总之科学文化教育是为了培养儿童对科学的兴趣及探索求知的精神，增长儿童见识，开阔眼界，使儿童从小就具有创造性思维和实践能力，帮助其了解基本的动植物学、地理学、天文学和历史学知识等。

(二)蒙台梭利科学文化教育的内容

1. 动植物学

蒙台梭利认为：与儿童手中的积木相比，孩子们更喜爱有生命的小动物，幼儿园里如果饲养了小动物，就会增加幼儿情感的付出。教师应让儿童学习如何照顾小动物，让儿童了解动物的生活习性及生活基本条件，从而培养儿童对大自然的热爱。此外，蒙台梭利还指出："最能培养孩子对大自然感情的是栽培植物，因为植物不断变化并展示它的美，在其自然发展的过程中给予的远比索取的要多。"这种感情会内化成一种对生命的珍惜与感恩。观察大自然中植物的生长使孩子们有了更多专注的眼神和兴奋的表情，这说明孩子们本来属于活泼的本性和生命力被唤醒，这些更能激发孩子潜能的发挥。

蒙台梭利的动植物学教育的主要目的是让儿童了解关于动植物的常识性知识，了解动植物与人的关系，了解动植物与环境的关系，培养幼儿热爱动植物、保护动植物的意识，培养幼儿对于动植物的兴趣，对于自然的热爱，树立热爱生命的信念，通过照顾和保护动植物培养幼儿的责任感等人格品质。蒙台梭利教育在动植物教学方面有一套完整的课题计划。幼儿比较偏爱动物，因为它们是活的，会自己动，但是身体跟人类长得不一样，吃的东西不同，生活习性不同，甚至栖息环境也有很大的差异。所以为了让孩子们能更好地、更正确地认识动物的各部位及其功能，教师应让孩子先有饲养的经验，在孩子有了与动物实际接触的经验后，再引入动物部位名称拼图、定义册、三步卡。同样的，教师在设计植物课程时，首先应对植物有初步的认识，另外也可以把植物学课程延伸到其他课程中，如科学实验课程"光线、水、空气对植物的作用"等。

蒙台梭利动植物学教具主要包括各种动植物嵌板、三步卡、各部位名称配对、小书、定义册等。其中动物学教具主要分为昆虫类、鱼类、两栖类、爬行类、鸟类和哺乳类；植物学教具主要有树、根、叶子、花和果实等。

2. 地理教育

地理教育涉及有关地球表面的一切，如地球的运动、陆地、海洋、气候、空气、人类的演变等。地理教育的目的是培养儿童对地理学的兴趣，帮助儿童建立空间方位感，了解各个国家的地理和文化，进一步建立世界观和宇宙观。蒙台梭利主张让孩子把握事物的整体性，然后再局部解剖，要遵循从整体到部分，从具体到抽象的原则，如学习地图拼图，描绘地图轮廓，国家名称练习及三步卡的练习等。蒙台梭利让孩子们先从自身开始学习，先认识自身的不同方位，了解"自身的地理"再认识自身的方位，然后再扩展到地球构造、地理区等知识。

蒙台梭利地理教育主要内容包括自然地理的学习，环境中自然因素的学习，时间和空间概念的学习以及自己动手制作教具。蒙台梭利地理教具内容广泛且实用性强，均是精心设计和制作而成的，主要分为四类。

(1)地理学教具：手的轮廓图、手指的名称、身体的轮廓图、绘制教室平面图、地图等。

(2)地球方位教具：院子里的东南西北、教室里的东南西北、指南针、地图上的方位等。

(3)自然地理教具：地形三步卡、砂纸地形图、地球仪、陆地和水域的组成等。

(4)人文地理教具：彩色地球仪、世界地图拼图、亚洲地图、中国地图、制作地图、国旗三步卡等。

3. 历史教育

历史是时间伴随地理和人文环境变迁的过程，在蒙台梭利历史学习中，学习方法是以时间为线，把众多事情演变成时间轴的故事，时间的意义依赖于一个一个事件的产生和发展。历史学习的目的主要有：让儿童感受时间是连续不断的；让儿童感受时间是段落的、有节奏的；让儿童感受人类与历史的关系。

历史教具非常丰富，主要有以下几种：

(1)时间的流逝部分：计时器。

(2)时间的测量部分：目的是给孩子介绍不同测量时间的工具。

时钟的认识部分：目的是认识时钟，知道1小时有60分钟，学习看整点、半点。

整点、半点：目的是认识整点半点；辨别图片的异同，学习配对。

时钟小书：目的是认识时钟，了解整点和半点；更深入地了解时针、分针间的关系；通过书写说明文字，使儿童了解时钟与人们行为的关系。

制作时钟：目的是了解钟表表盘的概况，加深对钟表的认识；学习用涂色、剪贴的方法制作时钟。

四季年轮：目的是认识一年四季及每个季节所包含的月份；知道四季的排列顺序是循环往复的。

(3)日历的认识部分：目的是认识时间，认识日历。

认识一周中的每一天：目的是知道一周中有7天，并知道一周中每一天的名称；扩展对文字的认识，丰富幼儿的识字量。

认识一月中的每一天：目的是知道一月中有多少天，从1—31日(或28日、30日)。

认识一年中的每一个月：目的是了解年与月的关系，知道一年有12个月；知道月份中的每一天与星期的关系；发展儿童对数字、文字的认识。

制作日历：目的是认识日历，知道日期与星期的对应关系；学习制作日历的方法；发展幼儿的书写能力。

(4)成长时间线：目的是认识人生命的成长，生活的变化及延续的变化，教具如日期印章、我长大了(照片)。相关的延伸活动还包括衣服、船、飞机、汽车、家庭的生命线。此类活动的目的是学习认识日期，能用日期印章印出正确的日期；认识自己及同伴的姓名，了解姓名的意义；练习书写，丰富儿童的识字量(姓名三步卡)；让儿童了解地球绕太阳一圈是一年，知道不同年龄的人做不同的事情；了解人类生命的成长过程，知道生命变化与时间延续的关系。

(5)地球生命线：目的是知道人类的生命与地球生命比起来十分短暂；知道先有地球，后有人类(地球已存在几十亿年，而人类只存在了几百万年)。

4. 天文地质教育

蒙台梭利曾说："如果把宇宙通过正确的途径传授给孩子，那不仅可以激发孩子的兴趣，更能够引起孩子探索广博宇宙奥秘的欲望，到那时孩子的思想将不再神游而变得能全神贯注地思考了，他们所掌握的知识也会变得有组织、有系统。在教学中我们呈现给孩子的世界是完整的、有序的、联系的、和谐的、发展变化的，以这样的世界观来培养孩子的发展也将是全面的。"

天文地质教育主要是激发儿童的兴趣，了解我们居住的地球、地球的构成和活动、我们生存的空间，以及人类与地质环境、人类与宇宙之间的关系，帮助儿童形成科学的世界观和探索精神。

蒙台梭利天文学教育的主要内容有行星家族、星座和太空的奥秘。教具主要有八大行星嵌板、八大行星三步卡、八大行星拼图、八大行星符号拼图、太阳系的介绍、月亮的变化、太阳的构造、星座的介绍、望远镜的使用等。岩石标本是蒙台梭利地质学的主要教具，包括各种各样的岩石、矿石、化石和有关岩石的书籍以及探索岩石奥妙的工具等。地质教育要求教师从简单到复杂地使用教具，以开放有序的系统方法布置教学环境。地质学教具主要有地球的层次构造三步卡、地层构造——断层和褶皱、火山爆发实验、火山爆发三步卡、岩石的三种形态、沉积岩实验教具等。

5. 音乐教育

3～6岁儿童听觉神经还在发育成长中，并不适合做专业的音乐技巧训练。蒙台梭利认为幼儿期的儿童只能接受音乐启蒙教育。蒙台梭利儿童音乐教育主要包括认识和聆听声音；使用杂音筒做强弱音练习；使用音感钟做高低音练习；在走线时表现韵律和节奏；培养识谱能力等。蒙台梭利音乐教育常和感官教育、日常生活教育融合在一起进行。

除上述内容外，蒙台梭利的科学文化教具还包括人体生理教具和科学实验教具。人体生理教具主要有人体解剖图、人体拼图、人体三步卡等。科学实验教具主要包括空气实验教具、水的特性实验教具、磁铁特性实验教具等。

二、蒙台梭利科学文化教育的特点

(一)遵循由具体到抽象、由已知到未知等秩序性特征

有一次，谷歌(Google)的创始人拉里·佩奇和谢尔盖·布林在接受采访时，记者问他们的成功应该归功于哪一所学校，他们并没有回答斯坦福大学或密歇根大学，而是"蒙台梭利小学"。他们认为，在蒙台梭利小学中，他们学会了积极的生活态度，即"自己的事，自己负责，自己解决"，也养成了积极进取、勇于尝试、乐观主动、自我驱动的习惯。由

此可以看出，蒙台梭利科学文化教育不仅传授科学文化知识，贯穿始终的还有蒙台梭利一直在强调的自由、秩序和感官引导。具体来说，科学文化教育是全球性的，是关于宇宙观和系统性的。科学文化教育通过操作、感官来学习，是一种探索体验式的学习方法。科学文化教育给予孩子基本能力、想象空间和兴趣的延展。科学文化教育所追求的人生态度，是个体终身学习和发展的动力。简言之，蒙台梭利科学文化教育具有以下特征：由具体到抽象，由已知到未知，具有秩序性，将内容设计成可操作的工作，通过感官引导学习等。

(二)尊重地域性、民族性等文化差异

对儿童进行文化教育时需考虑各国文化的不同，以及各区域之间文化差异，设计出适合儿童心理发展的教具。文化有其地域性和民族性，所以文化教育区固定教具比较少。教育者通过把区域文化、民族文化相结合的方式，创造适合文化教育区的教具，可以让儿童认识自己的祖国、民族或家乡文化，从而在形成爱家乡爱祖国的情感的同时，形成渊博的知识和广阔的视野。

三、蒙台梭利科学文化教育的目的

蒙台梭利认为孩子是环境和文化的一部分，儿童对文化认同越多，就越能适应那里的环境。儿童学习文化不只是让他们更聪明，最重要的是使他们了解环境，进而尊重环境、尊重别人、尊重自己；使儿童喜欢探究，增强信心，对世界、对人充满爱。科学文化教育通过了解环境，探究人类与环境、人类与自然、人类与宇宙的关系，建立自我概念；帮助幼儿了解基本的科学文化知识，为日后的学习打下基础。

(一)蒙台梭利科学文化教育的直接目的

蒙台梭利科学文化教育主要是通过动植物、地理历史、天文地质等教具，让儿童学习如何照顾动植物，了解自己居住的大环境和宇宙万物的奥秘等知识；使儿童对其生存的环境，对人、对事、对物具有浓厚的兴趣，能从自己生活的环境中建构自我的概念；培养儿童爱科学的情感；培养儿童掌握认识事物的方法；培养儿童的好奇心、求知欲；引导儿童接触周围世界，增强与环境和谐相处的能力，获得科学经验；学习民族文化，培养民族自豪感；等等。

(二)蒙台梭利科学文化教育的间接目的

从欣赏、观察、认识中，培养幼儿对宇宙和大自然的热爱及责任感，使儿童在未来能有足够的能力和适应力，独立工作和发现自我。

📲 项目回顾

内　容	掌握等级
蒙台梭利日常生活教育	☆☆☆☆
蒙台梭利感官教育	☆☆☆☆☆
蒙台梭利数学教育	☆☆☆☆☆
蒙台梭利语言教育	☆☆☆
蒙台梭利科学文化教育	☆☆☆☆☆

✖ 思考与练习

1. 蒙台梭利日常生活教育的内容有哪些？

2. 蒙台梭利感官领域教具特征是什么？

3. 蒙台梭利数学教育的含义是什么？

4. 蒙台梭利语言教育的内容有哪些？

5. 蒙台梭利科学文化教育的特征是什么？

项目七
0～3岁蒙台梭利早期教育

学习目标

1. 了解蒙台梭利早期教育的基本思想及0～3岁婴幼儿发展的特点。
2. 理解并领会0～3岁蒙台梭利早期教育的主要内容及特点。

内容图解

任务一　0～3岁蒙台梭利早期教育概述

- 一、0～3岁蒙台梭利早期教育思想概述
- 二、0～3岁婴幼儿发展特点
- 三、0～3岁蒙台梭利早期教育的内容
- 四、0～3岁蒙台梭利早期教育的特点

任务二　0～3岁蒙台梭利早期教育活动的设计、组织与实施

- 一、0～3岁蒙台梭利日常生活教育活动的设计、组织与实施
- 二、0～3岁蒙台梭利感官教育活动的设计、组织与实施
- 三、0～3岁蒙台梭利语言教育活动的设计、组织与实施
- 四、0～3岁蒙台梭利数学教育活动的设计、组织与实施
- 五、0～3岁蒙台梭利科学文化教育活动的设计、组织与实施

米朵 8 个月了，今天来到早教中心练习由爬行发展到站立的动作。她在爬行垫上熟练地向前爬行，在不远的地方有一个她一伸手就能够到的横杆，只见她两只手拽着横杆站了起来，还沿着横杆向前行走了几步。忽然她抬起头，看到了对面镜子里的自己，她咧嘴笑了，一只手松开横杆，向镜子里的小娃娃挥手打招呼，嘴里发出"哇哇哇哇"的声音。

双手的解放和自主灵活行走是蒙氏早期教育活动开展的前提，所以围绕"基于婴幼儿动作发展规律的动作练习"进行的感知觉、语言、情绪情感、社会交往等能力的练习是蒙氏早教活动的基本特征。

任务一　0～3 岁蒙台梭利早期教育概述

近年来早期教育和亲子教育的新发展把对蒙台梭利教育法的学习和运用推向了高潮，向蒙台梭利学习成了婴幼儿早期教育的时尚。教师应科学运用蒙台梭利教育思想服务于我国儿童教育，为儿童的全面发展创造新的空间。

一、0～3 岁蒙台梭利早期教育思想概述

蒙台梭利认为儿童有一种与生俱来的内在生命力——"吸收性心智"。这种生命力是积极的、不断发展的，教育的任务就是激发和促进儿童内在潜力的发挥，使其按自身规律获得自然地、和谐地发展。这就要求我们在践行蒙台梭利教育思想时要以尊重儿童生命和自然规律为前提，促进儿童身心自然成长和完善。蒙台梭利十分强调早期教育的重要意义，认为儿童具有巨大的精神潜能，儿童期的教育对个体一生的发展具有重大影响。"早期的毫厘之差会导致日后生活的重大偏离"，"成人的幸福是与他在儿童时期所过的那种生活紧密相连的"。因此，重视儿童的早期教育，就是为未来社会的发展做准备。

当前，很多人对于 0～3 岁婴幼儿早期教育的理解还存在不同程度的盲点。为人父母者是在没有接受任何教育和训练，甚至是在对生命成长法则和教育知之甚少的情况下便成为了父母，初生的婴儿于是很难被正确地认识，也难以得到他应有的科学照料和教育。人们常把新生儿看成软弱无知、依附于成人的弱小生命，给了他们过多的束缚和管教。基于此，蒙台梭利指出：我确信，当人们更好地了解了儿童之后，他们就会找到较好的照管他们的方法，仅仅使新生儿避免受到伤害是不够的，应该采取措施使他的心理适应他周围的世界。一些实验表明，要采取这些措施，父母应该在照管新生儿方面受到指导。蒙台梭利提出了一套适合于不同年龄儿童发展特点的教育方法，对教师、环境和活动材料等提出了具有代表性的早期教育观点，并针对不同年龄和发展水平的儿童设计了不同

的教具。她认为，儿童出生时就具有各种内在的积极的可能性，这些可能性必须通过环境中的可能性来发展，于是为儿童提供与他们的发展需要相适宜的教育环境极为重要。对于幼小儿童，蒙台梭利设计了与他们身体尺寸相适应的桌椅，为他们提供合理的饮食和布置适宜的环境。

现代认知科学和脑科学的发展为早期教育提供了更为丰富和翔实的科学证据，教育要尊重儿童身心发展的特点，尊重儿童的成长法则，不能想当然地教育儿童。因此，我们要吸收蒙台梭利重视新生儿养育、重视早期教育的观点，重新认识儿童，对父母进行必要的科学教育训练，为儿童日后的教育和发展奠定良好的基础。现在中国很多城市对早期教育和亲子教育教师的培训都采取蒙台梭利的教育模式，并借鉴蒙台梭利教育法安排教育内容、设计教具和布置环境，这是人们重视婴幼儿教育的一个体现，也是我国婴幼儿教育逐步走向科学化的一个标志。

二、0～3岁婴幼儿发展特点

(一)发展的主动性

个体从出生就具备了主动成长的内在力量和对生存发展有利的行为，努力地观察周围一切事物。如果不给予丰富的环境刺激使这些能力发展出来，就阻碍了个体良好的发展。蒙台梭利表示："人从出生那一刻起就具备自我发展的积极力量，……教育的任务是激发和促进儿童的潜能发展。"个体在一生中的最初几年获得的经验丰富与否，在很大程度上影响着他的大脑的发育，早期教育越丰富，大脑的效率越高，可以说儿童早期获得的每一份经验都会促进大脑神经细胞的发育。通常情况下，凡是主动发展的要求得到满足的孩子，对生活的满意度会较高，会自然流露得意的神情，发脾气的时间也比较少。

(二)发展的有序性和阶段性

儿童出生后身心发展表现出明显的顺序性。儿童身体动作发展遵循由上至下、由躯干到四肢、由简单到复杂的秩序原则，如儿童动作发展的顺序是：抬头—翻身—坐—爬—站—走—跑—跳，孩子从一出生开始就在一步一步有序地完成这些动作。

儿童身心发展存在敏感期，在这个时期最容易学会和掌握某种知识和技能。不同月龄段儿童教育的重点会因优势发展领域的不同而有所差异，成人要把握好儿童敏感期内的教育契机。在敏感期时应尽量满足孩子的各项发展要求，并提供相应的发展条件，使教育的最佳期不被错过。在这个时期，孩子最易接受环境和教育的影响，从而为其发展智力和体力创建先期的有利条件。

(三)发展的差异性

婴幼儿发展的差异性主要体现在生物遗传因素的差异、个体后天成长环境的差异、家庭成员的构成、相互作用关系的差异、个体自身个性特点的差异上等方面。这些都会影响孩子在个性、智力、体力等方面的发展，随着年龄的增长，个体相互间的差异会愈加明显。例如，我们经常会发现同一月龄的两个儿童在语言、动作、交往等方面均存在不同程度的差异。

(四)心理和生理发展的关联性

生理即机体的生命活动及各器官的功能，是个体心理发展的物质基础。身体健康，生理机能完好无损，儿童才能逐步建构起完整的心理世界。儿童应多渠道地吸收外界信息，以便促进神经系统和大脑的发育，另外保持心情的愉快也能促进身心健康。心理与生理的发展是相辅相成的，儿童年龄越小，生理和心理之间的发展关系越密切。

三、0～3岁蒙台梭利早期教育的内容

在新时代背景下开展蒙台梭利0～3岁早期教育，要秉持蒙台梭利教育理念，按早期教育改革与发展的基本思路，适应新时期社会发展对人才培养的需要，遵循儿童发展的基本规律，满足其在情感、态度、能力、知识、技能等方面的发展需要，创新性地推进蒙台梭利教育本土化。

(一)日常生活教育

日常生活教育是围绕婴幼儿日常生活开展的教育。在0～3岁时期，由于语言能力有限，婴幼儿的心理发展水平更多通过动作反映出来。婴幼儿动作发展包括大肌肉动作发展、精细动作发展及日常生活自理动作发展，三者不可分割，相互依存，相互促进。蒙台梭利日常生活教育就是以0～3岁婴幼儿日常生活自理、动作发展为核心进行教育的，并以此为基础促进大肌肉动作和精细动作的发展。

生活自理动作不是单一的动作技能，而是肌肉与神经的协调动作。对于婴幼儿而言，动作发展是循序渐进的过程，如自己吃饭，需要先双手端起碗、拿起勺子再到拿起筷子吃饭这几步，需要五指分化、双手配合等精细动作。所以，蒙台梭利日常生活教育内容第一部分就是动作教育，有发展五指分化与协调的五指抓豆子、三指捏木桩、二指捏硬币、一指按等工作。日常生活自理能力除了吃饭，人们比较关注的还有，穿衣、系扣子、拉拉链、戴帽子、穿袜子等能力。大约1岁的孩子会主动配合大人的穿衣动作，但是他们仅仅知道伸手，知道穿上一只袖子再伸出另一只手；穿上裤子后会主动用小手拽出里面的小脚丫；穿上一只袜子会抬起另一只小脚配合穿上另一只袜子。同时，这个年龄段的孩子还会自己用小手拿着小勺摇摇晃晃地往自己或别人的嘴里送饭等。幼儿独立吃饭一般要到2岁，而独立穿衣还要更晚些。

0～3岁蒙台梭利日常生活教育正是基于这样的动作教育，培养和发展孩子的生活自理能力，帮助婴幼儿初步养成良好的生活习惯，初步培养独立性和自主性的意识，使其

具有照顾自己、照顾他人的良好行为和习惯。

（二）感官教育

自出生开始，婴儿就通过感觉和直觉理解周围环境。感觉是感觉器官对物理刺激的反应，而知觉则是分类、解释、分析和整合来自感觉器官和大脑的刺激的心理过程。2个月的婴儿会睁大眼睛看妈妈衣服的颜色，听到妈妈的声音会扭头，会用不同的吮吸方式反映自己对母乳和白开水的不同喜好。蒙台梭利感官教育是根据0～3岁婴幼儿感知觉的发展特点，并通过蒙台梭利感知觉教具的操作，丰富婴幼儿感知觉的经验。

婴儿时期是感知觉发展最快与最敏感的时期，如一个生活在英语家庭6个月的婴儿能分辨出印地语发音的英语和纯正英语语音的区别，但如果没有听觉经验的伴随，4岁也不能完成这种区分。所以对婴幼儿进行五种感知觉训练显得尤为重要。

在人生最初的3年，个体主要依靠感知觉认识世界。瑞士心理学家皮亚杰把儿童从出生到2岁的认知发展水平称为感知运动阶段。在这个阶段里，儿童的注意多为无意的，是通过看到、听到、摸到事物时的体验认知事物，事先并没有计划要去看什么或者听什么的目标。所以，0～3岁婴幼儿的蒙台梭利感官教育应注意具体形象性和趣味性，把认识物体的大小、颜色等特征的学习需求设计成具体的可操作的教具，如粉红塔、棕色梯、色板等，让婴幼儿在反复摆弄操作中促进感知觉由无意性向有意性发展。

（三）数学教育

儿童对数学知识的掌握，实际上是一种逻辑知识的获得，而不像记住一个人的名字那样简单。按照皮亚杰的划分，知识可分为三种类型：物理知识、逻辑数理知识和社会知识。所谓社会知识，就是依靠社会传递而获得的知识。在数学领域，数字的名称、读法和写法都属于社会知识，它们有赖于教育者的传授，如果无人传授，儿童自己是无法发现这些知识的。物理知识和逻辑数理知识都要通过儿童自己与物体的相互作用来获得，而这两类知识之间又有不同，物理知识是有关事物本身性质的知识，如橘子的大小、颜色、味道，儿童要想获得这些知识，只需通过感知觉器官作用于物体（看一看、摸一摸、尝一尝等）就可以发现了。因此，物理知识来源于对事物本身直接的抽象，皮亚杰称之为"简单抽象"。逻辑数理知识则不同，它不是有关事物本身性质的知识，故此也不能通过个别的动作直接获得。它所依赖的是作用于物体的一系列动作之间的协调，以及对这种动作协调的抽象，皮亚杰称之为"反省抽象"，反省抽象所反映的不是事物本身的性质，而是事物之间的关系。例如，儿童掌握了橘子的数量"5"，就是抽象出了这些橘子的数量关系特征，它和这些橘子的大小、颜色、味道无关——也和它们的排列方式无关——无论是横着排、竖着排，或是排成圈，它们都是5个。儿童对于这一知识的获得，也不是通过直接的感知，而是通过一系列动作的协调，具体说就是"点"的动作和"数"的动作之间的协调。首先，他必须使手指点的动作和口数的动作相对应；其次，序的协调，他口中数的数应该是有序的，而点物的动作也应该是连续而有序的，既不能遗漏也不能重复；最后，他还要将所有的动作结合在一起，才能得到物体的总数。

0～3岁婴幼儿以直觉行动思维为主，抽象概括归纳能力较差。所以，0～3岁蒙台梭利数学教育的目标是"能从生活和游戏中感受事物的数量关系并体验数学的重要和有趣"。例如，给宝宝喂奶时，可以和宝宝说"妈妈这次给你冲了200 mL奶"，等宝宝喝完了，妈妈还可以说"宝宝喝完了，没有牛奶了，空了，0 mL"。要在日常生活中引入数量概念，还可以通过具体形象的玩教具练习点数，如蒙台梭利数棒、砂纸数字板等。

(四)语言教育

语言是人类社会特有的一种现象，就个体而言，语言是思维和社会交往的工具，是认知能力的一种，是儿童社会化、个性发展的重要标志。当婴儿呱呱坠地之后，他们便通过语言和非语言的交际活动，不断接受人类千百年来积累的经验，逐渐获得大量关于他们周围世界的知识，以发展智力，并习得社会道德行为规范。同时，儿童通过语言理解他人的思想、情感，利用语言表达自己的感受、见解、愿望，倾诉自己的情感，参与社会交往活动，指导和评价自己的行为。所以婴幼儿语言的学习具有情境性特征，这里的情境并不特指某一特定的故事情境或游戏情境，更多的是日常生活中和语言相关的情境。1.5岁之前是儿童前语言发展时期，在这个阶段，婴幼儿对语言的声音、语调、语义等都有一定的分辨能力，这为正式语言的运用提供了准备。在这个阶段，成人要多跟婴幼儿说话，看到什么就可以说什么，看到什么就可以介绍什么，让孩子在听中感知语言；同时，对于婴幼儿的各种发音，成人要及时回应。成人可以和孩子玩听指令做动作的游戏，如"小手举起来"等，以此发展孩子听的能力。1.5岁之后，婴幼儿正式进入口语发展期，并开始运用语言表达交流，从单词句到双词句，3岁时还出现了复合句。成人可以和孩子玩发音游戏(如指物发音)，成人也可以利用图文并茂的绘本，通过亲子、师幼共读等锻炼婴幼儿的听、说、读的能力。

(五)科学文化教育

科学的核心是求真，科学的本质是探究。对于婴幼儿来说，学习科学首先在于激发和保护孩子的好奇心，好奇是孩子的天性。"小兔子的眼睛是红的，宝宝是黑色的"，这种观察意识和比较探究的能力已在0～3岁时期萌发，教育者要鼓励、引导婴幼儿发问，满足和支持其好奇心。其次，要帮助婴幼儿积累经验，为建构科学概念做好准备，如观察树的四季生长变化过程，了解树的生命形态，春天树叶发芽，夏天枝繁叶茂，秋天落叶纷纷，冬天光秃秃。很多孩子认为没有了树叶的树就是没有生命了，这种理解并不科学，是一种"朴素理论"。如果教育者能带领孩子进行持续性的观察，就会使其发现光秃秃的树来年春天又发芽了，就可以为孩子在3岁以后修正自己的"有生命和无生命"概念积累第一手经验，朝着理解科学概念迈进。再次，要帮助婴幼儿学习科学探究的方法技能，如小兔子喜欢吃什么啊？家长可以带着宝宝一起观察、尝试、验证，最终得出结论。在此过程中，孩子也会逐渐形成积极、主动、自信地去解决问题的意识。

根据婴幼儿的科学学习特点，0～3岁蒙台梭利科学文化教育的具体目标设定为"亲近自然，爱护动植物，对周围的事物、现象感兴趣"。婴幼儿思维以直觉行动性和具体形象性为主，所以他们的学习也局限于行动和形象的水平，通过观察具体的事物来认识事物的特征，如蒙台梭利科学文化教具有树的嵌板、鱼的嵌板、鸟的嵌板等。通过操作、观察，婴幼儿可以认识和了解动植物的形态和结构特征。

四、0～3岁蒙台梭利早期教育的特点

0～3岁蒙氏早期教育与3～6岁蒙氏教育一样，都是运用蒙台梭利教育法对儿童进行的教育活动。这两个阶段的教育在蒙台梭利教室布置、教具使用、对蒙台梭利教育观和儿童观的实践探索、蒙台梭利教师的选择等方面有许多共性。与3～6岁蒙氏教育相比，0～3岁蒙氏早期教育活动具有一些自身的特点，主要表现在以下三个方面。

（一）以蒙台梭利日常生活教育为基础和主要内容的教学体系

0～3岁蒙台梭利早期教育没有所谓的模式，教育内容以儿童较为熟悉的日常生活为基础，同时渗透其他领域的教育基础内容，让儿童习得生活中最基本的生活技能。例如，通过剥鸡蛋、倒水、舀豆子、串项链等工作锻炼婴幼儿肌肉动作的协调性和控制力；通过练习系纽扣、穿脱衣服和鞋子、洗脸等工作让婴幼儿学会照顾自己；通过擦桌子、扫地、整理衣物、照顾小动物等工作让婴幼儿学会爱护生活环境，做个讲卫生的好孩子；通过同他人问好、接待、致谢、道歉等礼貌动作及走线活动和游戏活动，让儿童在这样的氛围中获得社会关系的发展。

（二）在集体教育中，以小班型互动为主

相对3～6岁幼儿蒙氏教育活动特点而言，0～3岁蒙台梭利早期教育以小班额交流互动为主。每班限定至多10组家庭参与，教师展示工作时会确保每位宝宝和家长都能看到。轮到宝宝工作时，所有宝宝都可以接触到教具并依据自己的观摩进行教具操作，教师有足够的时间进行个别指导。这种小班型的互动形式一定程度上满足了婴幼儿对教具的好奇心，锻炼了他们的专注力、探索力和肌肉控制力，为其进一步发展提供了实践条件。

（三）集体教育表现出明显的多向互动性与共同发展性

0～3岁蒙氏集体教育首先是亲子教育，教师与多名婴幼儿及其家长共同参与学习互动。家长与家长之间就育儿过程中的困惑和经验展开分享和讨论；家长与婴幼儿之间以家长为主发起互动；婴幼儿与婴幼儿之间大多因玩教具的争抢而发生互动。多向的互动对于每个参与者来说都有不同的收获。对教师而言，一方面，丰富和巩固了自己的专业

知识，另一方面，为自己的专业成长提出了新的挑战。对家长而言，可以丰富自己的育儿经验，弥补自己的育儿困惑；对婴幼儿来说，在互动的过程中发展了与人交往的能力和语言表达能力，为其进一步社会化创造了条件。

任务二　0～3岁蒙台梭利早期教育活动的设计、组织与实施

教育者在设计和组织早期教育活动时应考虑到0～3岁婴幼儿身心发展的规律与特点，结合每个阶段婴幼儿发展的敏感期，在充分尊重婴幼儿主体性的前提下，科学设计和组织早期教育活动，调动婴幼儿参与活动的兴趣和热情，为争取婴幼儿最大限度的发展而创造条件。以下将围绕蒙台梭利教育的几个领域进行活动设计，以期为早期的教育指导提供有益的经验借鉴。

一、0～3岁蒙台梭利日常生活教育活动的设计、组织与实施

(一)基本动作练习活动设计、组织与实施

1. 五指抓

活动一：敲敲乐

活动目的

练习手握物、对敲或传手，发展宝宝的手眼协调能力和手部控制力，促进触觉和认知能力的发展。

活动准备　拨浪鼓、手摇铃。

活动过程

(1)家长给宝宝做示范。一手握住拨浪鼓，一手握住手摇铃，慢动作对敲让宝宝观察。

(2)让宝宝同时用两只手各拿一个玩具对敲，对敲时玩具发出的声响会引起宝宝极大的兴趣。宝宝享受到对敲玩具给他带来的快乐后，会拿着玩具到处敲打。

(3)宝宝在玩的过程中，会双手同时抓住一个玩具，然后忽然放掉一只手，只用其中一只手握住玩具，玩一会儿再换另一只手，使玩具传到不同的手上。传手是手的技巧性进一步发展和双手协调的标志。

活动指导

(1)5～6个月时宝宝已经学会用单手握物。在家中时，父母要多锻炼宝宝用手做动作的能力，并提供相关的教具(图7-2-1)，发展宝宝的触觉感知能力。

图 7-2-1

(2)利用生活中适合宝宝抓握的发声玩具让宝宝灵活抓握，提高其手部控制力和手指的灵活性。

(3)家长要经常运用鼓励性的语言。

2. 二指捏

活动二：塞硬币

活动目的

(1)学习塞的技能，锻炼宝宝的手眼协调能力。

(2)训练宝宝的专注力。

活动准备 硬币、储蓄罐。

活动过程

(1)将教具托盘取来放在工作毯上。将盛放硬币的托盘放在工作毯的左边，将储蓄罐放在右边。

(2)教师示范：先拿起储蓄罐观察，用手触摸投放硬币的小孔，并让宝宝关注小孔。伸出大拇指、食指做三遍捏、放的慢动作；再轻轻地捏起托盘里的硬币，对准储蓄罐的小孔放硬币。

(3)鼓励宝宝尝试。

(4)引导宝宝将剩余的硬币全部投入储蓄罐内，必要时家长协助宝宝操作，以免宝宝因连续失败而受挫。

(5)练习完毕后，请宝宝协助将用具整理并送回原处。

活动指导

(1)一次不要投放过多的硬币，避免孩子因任务过多而失去兴趣。

(2)硬币要使用未流通的，至少是消毒过的，保证操作材料的卫生、安全。

(3)孩子操作时，家长一定要陪同在其身边，不要让孩子将硬币放入口中，保证操作过程的安全性。

(4)为了激发孩子的兴趣，可以选择透明的存钱罐摇一摇，或放在地上滚一滚，看硬币在存钱罐中滚动，听其滚动的声音。

(5)该活动可举一反三，如设计"小动物吃饼干"活动，在薯片盒贴上小动物的图案，将小动物的嘴巴做成长方形小口，让孩子将玩具圆片塞进小动物的嘴巴里。还可以如捏彩钉(图 7-2-2、图 7-2-3)、捏豆子(图 7-2-4、图 7-2-5)所示进行类似的其他活动。

图 7-2-2

图 7-2-3

图 7-2-4

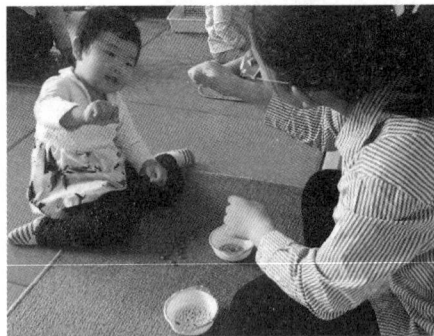

图 7-2-5

3. 挤

活动三：海绵宝宝喝水

活动目的

(1)增强宝宝的手眼协调能力，提高动作控制力。

(2)培养宝宝的独立性、专注力和自信心。

(3)锻炼宝宝的生活自理能力。

活动准备　2 个相同的碗，其中一只空碗置于右侧，另一只盛水置于左侧；1 块长方形海绵；托盘 1 个；抹布 1 块。

活动过程

(1)告诉宝宝工作的名称叫"海绵宝宝喝水"。

(2)示范工作，确保宝宝都能看清楚示范动作。

(3)双手握住海绵，给宝宝示范如何用力挤压海绵并配合语言提示"挤放、挤放"。

(4)用右手抓住海绵放进盛水的碗里，等待海绵吸水。

(5)用两只手轻握住海绵，从水中取出，稍作停顿，将海绵移动到空碗的上方，双手挤压海绵，将水挤到空碗里。

(6)操作的过程中注意观察宝宝的情绪反应，请宝宝来尝试。

(7)练习结束后，用抹布擦拭有水的地方，并将工具放回原处。

活动指导

可以用能够吸水的物品代替海绵，经常在家中与宝宝一起游戏。

4. 舀

活动四：喂娃娃

活动目的

(1)通过喂娃娃吃饭，提高宝宝的生活自理能力。

(2)通过学习小勺舀，促进宝宝精细动作的发展。

(3)初步培养宝宝关心他人、帮助他人的情感。

活动准备　勺子、珠子、娃娃。

活动过程

用空的纸巾盒做成一个立体的大嘴巴娃娃，抽纸巾的缝隙作为娃娃的嘴巴。家长用勺子盛起珠子，向宝宝示范慢慢将珠子喂进娃娃的嘴巴中，然后鼓励宝宝也来喂娃娃吃饭。

活动指导

(1)一次不要投放过多的珠子，避免孩子因任务过多而失去兴趣。

(2)该活动可以举一反三，可换成其他容器，如在矿泉水瓶上用不干胶贴上娃娃脸谱，剪出一个大口，做成娃娃的嘴巴。可变换主题，如喂小动物吃饭等；可变换大小不同的勺子，让宝宝练习舀的技能；可更换舀的东西，如豆子、米等，激发宝宝参与活动的兴趣。

(3)掉在地上或桌上的"食物"，要让宝宝及时捡起，培养宝宝良好的饮食卫生习惯。

(4)通过这个游戏，家长应在日常生活中鼓励和支持宝宝学习自我服务，让宝宝自己吃饭。从而使教育内容源于生活，又回归到生活中去的理念得以体现。

5. 走

活动五：妈妈带我学走路

活动目的

(1)感知迈步，增强腿部、臀部的力量，为宝宝学习走路做准备。

(2)促进宝宝语言的发展。

(3)初步培养宝宝勇敢、自信的心理品质。

活动过程

家长和宝宝面对面站好，家长拉着宝宝的双手，宝宝的脚踩在家长的脚上。家长一步一步后退，宝宝则一步一步前进。也可以让宝宝和家长面向同一方向站好，共同前进或后退。

活动指导

(1)为了增加走路的兴趣，家长可以边说儿歌边游戏。

(2)孩子练习走路要适可而止，不要使孩子过于疲惫而失去兴趣。

附：儿歌

走走走，走走走，我带宝宝一起走，

挺起胸，抬起头，迈开大步向前走；

走走走，走走走，妈妈(游戏者)牵着宝宝手，

一二一，一二一，宝宝长大自己走。

(二)照顾自己

1. 整理物品

活动六：摆鞋子

活动目的

(1)教会宝宝正确地摆放鞋子，锻炼自我管理的能力。

(2)培养宝宝逻辑思维能力和解决问题的能力。

(3)学习初步的一一对应，为学习数学打基础。

活动准备　爸爸的鞋子、妈妈的鞋子、宝宝的鞋子。

活动过程

(1)在鞋子存放处粘贴有脚印标志的即时贴。

(2)将鞋子打乱顺序后要求宝宝将爸爸、妈妈、宝宝的鞋子分别挑出来，放在即时贴相应的位置上。

(3)引导宝宝观察鞋子的摆放顺序。

(4)通过学习儿歌，引导宝宝正确地摆放鞋子。

附：儿歌

我的鞋儿像小船，船头大来船尾尖，

摆在一起仔细看，船尖一定对里面。

伸完左脚伸右脚，穿好鞋儿才能跑。

活动指导

(1)引导宝宝注意观察，日常生活中及时提示宝宝将鞋子摆放好。

(2)吃饭时可以让宝宝帮助分发碗筷，渗透数字与数量的对应概念。

2. 清洁练习

活动七：擤鼻涕

活动目的

(1)擦干净鼻涕，养成良好的卫生习惯。

(2)学会对自己进行观察，培养宝宝的独立性和专注力。

活动准备　手帕、卫生纸。

活动过程

(1)拿出卫生纸并展开。

(2)对折后双手拿住两边，掩住鼻子。

(3)用食指和中指压住一边鼻孔，从另一边鼻孔以呼气的方式擤鼻涕。

(4)接着换另一边。

(5)两手手指捏合，将卫生纸向前拉出，折叠。

(6)再把鼻子擦干净，对折卫生纸后扔进废纸篓。

活动指导

(1)引导宝宝擤鼻涕时不要用力过大。

(2)注意鼓励性语言的运用。

3. 穿与脱的练习

活动八：衣饰架之拉链

活动目的

(1)学会拉拉链，发展手眼协调能力，培养宝宝独立穿衣的习惯。

(2)锻炼宝宝的手部肌肉，尤其是三指的灵活性。

(3)培养宝宝的秩序感。

活动准备　1块正方形木框，左右2块布在中央相合，并用拉链连接。

活动过程

略(同工作手册部分项目——拉链的工作操作步骤)。

活动指导

可换用其他种类的衣饰框。教育者可根据宝宝发展的实际情况自行设计操作，操作时的动作分解要清晰，保证宝宝能够理解和接受。

(三)照顾环境

1. 清扫

活动九：打扫室内

活动目的

(1)培养宝宝的清洁感、秩序感。

(2)培养宝宝的独立性和责任感。

活动准备　扫帚、小簸箕、围裙、抹布。在地上散放一些垃圾，如碎纸屑、瓜子皮、珠子等。

活动过程

略(同工作手册部分项目——扫的工作操作步骤)。

活动指导

(1)扫帚有不同的种类、拿法，针对具体情况应予以正确指导。

(2)清洁工具的使用方法因人而异。

2. 擦洗

活动十：擦地板

活动目的

(1)培养宝宝爱清洁、讲卫生的好习惯。

(2)培养宝宝的独立性和生活自理能力。

活动准备 抹布、盛水的盆、洒在地上的果汁。

活动过程

(1)正在喝的果汁不小心洒落一地，找抹布，由上至下、由左至右地在地板上擦拭。

(2)将抹布放在水盆里洗净，拧干，再次擦拭地板。

(3)将抹布洗干净并在户外晾晒。

活动指导

(1)家里经常出现洒水、地面脏等情况，可以让宝宝去试着擦地板。

(2)还可以在饭后让宝宝帮忙擦桌子。

(四)社交礼仪

1. 基本的社交礼仪

活动十一：打招呼与告别

活动目的

(1)教宝宝懂礼貌。

(2)教导宝宝如何控制自己。

活动过程

略(同工作手册部分项目——打招呼与告别的工作操作步骤)。

活动指导

(1)学会和身边的亲人相处。

(2)正确地与人打招呼和告别。

2. 动作礼仪

活动十二：递交物品的方法

活动目的

(1)学习尖锐物品的递交方法，树立对他人的尊敬与信赖。

(2)培养宝宝的独立性和专注力。

活动准备 剪刀、刀子、铅笔、图钉、画册、花束、礼品等。将其中尖锐的物品放置于盘中，各种大纸张、画册、笔记本及花束等礼品放在桌上。

活动过程

(1)尖锐一端朝向自己，让对方拿到后马上就可使用，传递物品时要注意对方的眼神。

(2)必须和对方保持一定的距离。

(3)右手拿物品时，在对方右手的斜前方递交给对方，并保持笑容。

注：剪刀要握住闭合的刀刃，将剪刀把手递给对方；握刀子时注意不要让刀刃划伤对方，将刀柄递给对方；铅笔要拿一半以下的地方，笔尖朝向自己，再递给对方。

画册、纸张等要拿着纸的右下角或左下角轻轻地递给对方，稍重的画册要用两只手拿稳。

活动指导

(1)尖锐物品由大家轮流传递。

(2)生日礼物等节日礼物的传递练习。

活动十三：咳嗽、打喷嚏、打哈欠的方法

活动目的

(1)教孩子懂礼节。

(2)培养孩子的自我控制能力和独立性。

活动准备　手帕、卫生纸。老师和孩子面对面，并在孩子有咳嗽、打哈欠行为时练习。

活动过程

(1)咳嗽、打喷嚏、打哈欠时，不要让周围的小朋友和老师感到不舒服。

(2)脸要稍微转向旁边，并用手帕掩口。

(3)捂住嘴巴。

活动指导

如在咳嗽、打喷嚏、打哈欠时来不及用卫生纸或手帕，就用两手捂住嘴巴。手弄脏后用手帕或手纸擦干净。

二、0～3岁蒙台梭利感官教育活动的设计、组织与实施

(一)粉红塔

活动一：粉红塔

活动目的

(1)通过视觉感知立体空间的差别变化，了解递进、递减的关系。

(2)发展宝宝的动作及视觉、触觉的协调性。

(3)发展宝宝的手眼的协调能力及肌肉运动的控制力。

活动准备 粉红塔由 10 个粉红色的木制立方体构成。立方体的各边的长度从 10 厘米到 1 厘米以 1 厘米为尺寸公差递减。

活动过程

略(同工作手册部分项目二粉红塔的第一次展示的工作操作步骤)。

活动指导

(1)观察周围生活中的物品,辨别它们的大小。

(2)利用各种生活物品做大小排序的游戏。

(二)红棒

活动二:红棒

活动目的

(1)通过对视觉、触觉的辨别,让孩子在知觉上对长度的差别有正确地认识,建立顺序的概念。

(2)感知长度的测量方法,为数的认识做准备。

(3)发展宝宝手、眼与肌肉的协调能力。

活动准备 由 10 根红色的木制角棒构成。角棒长度由 10 厘米到 100 厘米组成,每根相差 10 厘米。

活动过程

略(同工作手册部分项目二红棒的第一次展示的工作操作步骤)。

活动指导

(1)观察生活中的各种物品,比较它们的长短。

(2)利用生活中各种物品做长短的排序练习。

(三)色板

活动三:色板

活动目的

(1)培养宝宝分辨颜色的能力。

(2)培养宝宝体会色彩的美感。

活动准备 红、黄、蓝三原色色板各 2 块,合计 6 块色板。

活动过程

略(同工作手册部分项目二色板第一盒名称练习的工作操作步骤)。

活动指导

(1)观察周围的世界,感受大自然中的色彩变化。

(2)引导宝宝玩"配色"的游戏,引发其对色彩的兴趣。

(3)在各类美术活动中引导宝宝正确认识颜色。

活动四：小熊过桥

活动目的

(1)培养宝宝的平衡感。

(2)通过触觉练习，促进宝宝增强食欲。

活动准备 各种质地(毛、棉、纱等)的围巾5条，颜色各异。

活动过程

(1)将不同质地、不同颜色的围巾拼接起来当作小桥。

(2)宝宝光着脚丫在拼接起来的小桥上行走。

(3)在儿歌《小熊过桥》的伴随下，用击掌或击鼓的方式控制快慢，让宝宝感知节奏，从而变换行走速度。

附：儿歌

小熊小熊来过桥，走一走，瞧一瞧，歪歪扭扭过了桥。

活动指导

(1)除了进行小脚丫的触觉按摩，还可以进行小手的触觉按摩。让宝宝手持质地不同的各种物品，增强宝宝手部的触觉刺激。

(2)还可以在小桥上做各种简单的小律动以增强宝宝的兴趣。

活动五：小馋虫吃馒头

活动目的

(1)锻炼宝宝的视觉耐力。

(2)锻炼宝宝的记忆力与想象力。

(3)学会耐心与等待。

活动准备 3个纸杯、旺仔小馒头。

活动过程

视频资源

小馋虫吃馒头

(1)先将3个纸杯平行倒放好，再将一个旺仔小馒头放在任意一个纸杯下面。

(2)任意移动有旺仔小馒头的纸杯的位置，让宝宝自己认真观察，然后确定旺仔小馒头在哪个纸杯下面，找对了就可以吃掉旺仔小馒头，找错了就要重新找。

活动指导

(1)选择的食物最好是宝宝感兴趣、特别想得到的东西。

(2)根据宝宝的实际情况确定所藏物品的数量。

(3)注意游戏过程中表扬性语言的运用。

三、0～3岁蒙台梭利语言教育活动的设计、组织与实施

活动一：指认五官

活动目的

使婴幼儿初步知道五官的位置，在家长的帮助下，听到"鼻子""眼睛""嘴巴"等五官

的名称后，能与相应的部位建立最初的联系。发展婴儿的自我意识，并通过儿歌朗读或演唱，发展婴儿的语言能力与乐感。

活动准备　镜子、玩具娃娃、动物玩具。

活动过程

(1)家长指着自己的眼睛说"眼睛，眼睛"，再指着宝宝的眼睛说"眼睛，眼睛"。然后抓着宝宝的手让他摸摸家长的眼睛、再摸摸自己的眼睛，然后做眨眼、闭眼等动作让宝宝模仿。用类似的方法训练宝宝寻找其他五官的部位。

(2)家长抱着宝宝站在镜子前，问宝宝："妈妈的眼睛呢？"鼓励宝宝指出镜中家长的眼睛，继续用同样的方法指出宝宝自己的眼睛，同时让宝宝做眨眼的动作。

(3)出示玩具娃娃，家长问："娃娃的眼睛在哪里？"然后抓着宝宝的手摸摸娃娃的眼睛说："娃娃的眼睛在这里，眼睛、眼睛。"如果准备的娃娃会眨眼，就跟宝宝说："娃娃还会眨眼睛呢！我们一起来眨眼睛。"让宝宝模仿。用同样的方法训练宝宝寻找其他五官部位。

(4)出示动物玩具，问宝宝："小兔子的眼睛在哪里？"然后抓着宝宝的手摸摸玩具小兔子的眼睛。

(5)配合儿歌《指五官》，抚摸相应的五官位置。

附：儿歌

> 眼睛眼睛在哪里？眼睛眼睛在这里。
>
> 鼻子鼻子在哪里？鼻子鼻子在这里。
>
> 嘴巴嘴巴在哪里？嘴巴嘴巴在这里。
>
> 耳朵耳朵在哪里？耳朵耳朵在这里。
>
> 　眼睛眨眨（指指眼睛），
>
> 　鼻子嗅嗅（指指鼻子），
>
> 　嘴巴哈哈（指指嘴巴），
>
> 　耳朵听听（指指耳朵）。

(6)配合手指音乐游戏《合拢放开》进行练习，锻炼手指的灵活性。

附：音乐

> 合拢放开，合拢放开，小手拍一拍。
>
> 合拢放开，合拢放开，小手放腿上。
>
> 　爬呀，爬呀，爬呀爬。
>
> 这是眼睛，这是鼻子，这是小嘴巴。

活动指导

(1)教育者可以将多种指认方式变换、交叉进行，避免孩子因活动单一而失去兴趣。

(2)根据孩子的实际能力，还可以跟孩子玩"找五官""贴五官"等游戏。

(3)随着孩子月龄的增加，除了认识五官外，还可以慢慢教孩子指认身体的其他部位，如头发、手、脚、胳膊、腿等。

活动二：动物游戏

活动目的

学会指认生活中熟悉的动物，并了解各动物的典型特征。锻炼幼儿的肢体动作，提高幼儿的听觉能力和语言表达能力。

活动准备　青蛙、小兔子、鸭子、小花猫等动物图片及录音磁带。

视频资源

动物游戏

活动过程

(1)教育者依次出示准备好的动物图片，分别向宝宝介绍它们的名称，并依次让宝宝指认。

(2)分别介绍每种动物的叫声，并引导孩子模仿叫声，让宝宝有初步的感性认识。

(3)出示录音磁带，示范各种动物的走路姿势，加深宝宝的印象并鼓励其积极模仿。

(4)学唱儿歌《小动物走路》做动作。

附：儿歌

<blockquote>
小兔走，跳一跳；

小猫走，静悄悄；

小鸭走，摇一摇；

大象走，慢吞吞。
</blockquote>

活动指导

(1)教育者可以从孩子感兴趣的小动物入手，引导他们学习小动物的各种典型特征。

(2)根据幼儿发展的实际情况，还可以学习和模仿更多的小动物。

(3)在操作的过程中，注意及时对孩子予以鼓励和夸赞，激发其参与的热情。

活动三：蒸馒头

活动目的

(1)通过儿歌的朗读及动作的配合，帮助孩子理解语言。

(2)活动孩子的手指，增强其手指的灵活性。

(3)培养愉悦情绪，建立良好的亲子关系。

活动过程

宝宝躺在床上，妈妈跪坐在宝宝的身边，让宝宝能够看到妈妈的脸，妈妈用温柔、清晰的声音边说儿歌边抚触。

附：儿歌及动作说明

<blockquote>
蒸、蒸、蒸馒头，(有节奏地按摩宝宝的胳膊)

帮我蒸一个大馒头，(有节奏地按摩宝宝的胳膊)

揉好面，(有节奏地按摩宝宝的胳膊)

拍一拍，(拍拍宝宝的小手)
</blockquote>

　　　　然后再来揉一揉，（有节奏地按摩宝宝的胳膊）

　　　　再在中间点个点儿，（用手指点宝宝的小鼻尖）

　　　　放在蒸锅蒸一蒸，（有节奏地按摩宝宝的胳膊）

　　　　馒头蒸好啦，把它送给谁？（停顿）

　　　　送给我心爱的小宝贝。（挠宝宝的手心、胳肢窝，

　　　　　　　　　　　　或亲吻宝宝的肚皮，拥抱宝宝等）

活动指导

(1)注意与宝宝眼神的交流。

(2)朗读儿歌时语速放慢，口形夸张，便于宝宝模仿。

(3)按摩的力度适中，可在家里经常与宝宝做类似的按摩游戏。

活动四：开心果

活动目的

(1)让宝宝练习听指令做动作。

(2)提升宝宝的语言理解能力及反应能力。

(3)锻炼宝宝的模仿能力，促进亲子情感。

活动过程

(1)教育者发出口令，宝宝按口令做动作，如"开心果，开心果，请你眨眨眼"；"开心果，开心果，请你笑一笑"；"开心果，开心果，请你转个圈"；"开心果，开心果，请你跳一跳"。

(2)朗读儿歌或童谣的速度要由慢变快，并提示宝宝跟着大人一起说歌谣或边说歌谣边做动作，这样可以让宝宝更开心。

(3)当宝宝不理解大人的动作口令，不会做动作时，教育者应为宝宝做示范，以便宝宝理解和接受。

活动指导

(1)家长可根据宝宝的实际发展情况调整歌谣的难度，从而增加游戏的趣味性和挑战性。

(2)要经常鼓励宝宝的工作，提高其参与活动的热情和信心。

活动五：没有牙齿的大老虎

活动目的

(1)能安静地听故事，并能理解故事内容。

(2)知道糖果不能多吃的生活常识，以及早晚刷牙才能保护牙齿的道理。

(3)能准确、完整地回答家长的提问，发展语言表达能力。

活动过程

(1)家长给宝宝完整地讲故事《没有牙齿的大老虎》，并引导宝宝思考："大老虎原来有牙齿吗？后来为什么没有牙齿了？"

(2)针对宝宝的回答，家长再次讲述故事，进一步启发宝宝思考："大老虎的牙齿为什么会疼呢？老虎应该怎样做牙齿才不会疼？"让宝宝知道糖果不能多吃，特别是晚上睡觉前不能吃，要早晚刷牙、饭后漱口才能保护牙齿。

活动指导

(1)此活动可做延伸，如让孩子认识牙刷和牙膏，并学习正确的刷牙方法；还可以在家长的帮助下，让孩子动手实际刷牙。

(2)2岁6个月的孩子乳牙基本出齐，但牙齿的结构和钙化程度都不成熟，牙龋病随时会乘虚而入，这个阶段保护牙齿很重要。孩子刷牙要从学漱口开始，再到用清水刷牙，到了乳牙出齐后，可以使用牙膏刷牙。这时要为孩子选择儿童专用的牙刷和牙膏。

四、0～3岁蒙台梭利数学教育活动的设计、组织与实施

活动一：手指变变变

活动目的

(1)加强手指的肌肉和手指的灵活性。

(2)培养模仿意识，提升想象力。

(3)培养语言感知能力和表达能力。

(4)初步感知数的概念。

活动过程

创编一些关于手指活动的儿歌，让宝宝根据歌词内容进行手指的互动游戏。

附：儿歌

> 一根手指头，变变变，变成毛毛虫，爬爬爬。
> 两根手指头，变变变，变成小白兔，跳跳跳。
> 三根手指头，变变变，变成小花猫，喵喵喵。
> 四根手指头，变变变，变成大螃蟹，走走走。
> 五根手指头，变变变，变成大老虎，嗷嗷嗷。
> 我的手指头，变变变，我的手指头，真好玩。

活动指导

关于手指的游戏有很多，平时可以从最简单的，也就是分别伸出每个手指做起，然后再加上律动的童谣，在激发宝宝兴趣的同时，也锻炼了其手指的灵活性。做手指游戏的时候，善于观察宝宝的每一点进步，并及时给予鼓励，以增强宝宝的自信心，有利于其良好人格的发展。

活动二：排排队

活动目的

引导宝宝感知大小，并尝试按大小进行简单的排序。

活动准备 大小不同的圆形彩色纸片人手一份。

活动过程

(1)教师示范比较圆形纸片的大小和颜色。

取出两个不同的圆形纸片:"宝贝们,看看老师手中的泡泡是什么颜色的?"引导宝宝说说不同的颜色;再引导宝宝观察比较:"看一看,比一比,哪个大,哪个小?"然后强调:"这是大的,这是小的。"

(2)教师演示按大小排序的方法。

教师:"大泡泡,大泡泡,拿出来,摆摆好。"边说边找出大泡泡放成一排。再用同样的方法把小泡泡拿出来排排队。排好后用手指着大泡泡和小泡泡强调:"这是大泡泡,这是小泡泡。"

教师:"大泡泡和小泡泡手拉手来排排队。"一边说一边把泡泡排成大—小—大—小的顺序。排好后用手指指着泡泡,强调:"这回排的队是大小、大小。"然后将泡泡整理好放入盘中。

(3)宝宝上来拿操作材料,玩"比一比,排排队"的游戏。

活动指导

(1)在比较大小的时候,引导宝宝自己观察比较,以加深对大小的认识。

(2)排序时,提醒宝宝将相同的排一排,再引导宝宝按图片的大小不同排序。

活动三:1~5 的数配对

活动目的

(1)认识 1~5 的阿拉伯数字。

(2)培养宝宝的专注力和敏锐的观察力。

活动准备　在不同色纸上写有 1~5 数字的卡片若干。

活动过程

(1)教师逐一出示 1~5 的数字卡片,边出示边说:"这是 1,这是 2,这是 3,这是 4,这是 5。"

(2)教师将数字卡片有序地排列在工作毯上。教师问:"1 在哪儿? 2 在哪儿? ……"请知道的宝宝指认。

(3)教师分发教具,请家长指导宝宝认读。

(4)教师请宝宝将数字卡片送回到教师的工作毯上,并将同样的数字放在一起,如所有 1 都放在一起。

(5)取出用各色卡纸制作的数字卡片,请宝宝根据颜色、数字进行配对游戏。

活动指导

(1)利用周围生活中的物品,如葡萄熟了(图 7-2-6)、装珠子(图 7-2-7),让宝宝逐渐了解数字与数量的对应。

图 7-2-6

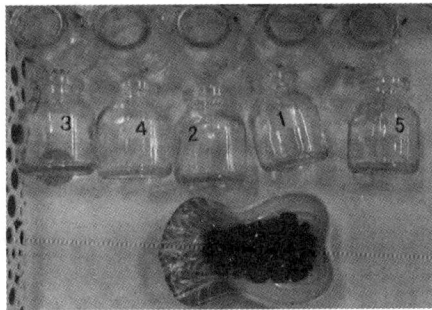

图 7-2-7

(2)善于利用环境中的数学对宝宝进行科学启蒙教育。

活动四：纺锤棒与纺锤棒箱

活动目的

(1)知道"0"的概念，加强数字与数量的对应概念。

(2)培养注意力与专注力。

(3)学习点数 1～9 的量，具有敏锐的观察力。

活动准备　由两个样式相同的木箱和 45 根木制的纺锤棒构成，每个木箱分为 5 格，空格上印有顺序的数字，一边是 0～4，另一边是 5～9。

活动过程

略(同工作手册部分项目三纺锤棒与纺锤棒箱的工作操作步骤)。

活动指导

指导宝宝在生活中感受"0"的存在及意义。

五、0～3 岁蒙台梭利科学文化教育活动的设计、组织与实施

活动一：静电游戏

活动目的

(1)发展宝宝手部的精细动作能力。

(2)培养宝宝的观察能力和想象力。

(3)培养宝宝学科学的兴趣。

活动准备　梳子、碎电光纸、气球。

活动过程

(1)分别将梳子、气球在头发上摩擦。

(2)将摩擦完的气球直接粘贴在墙上，摩擦完的梳子靠近碎电光纸时，会发现碎电光纸全部被吸在梳子上了。

(3)告诉宝宝这就是静电现象。

活动指导

(1)引导宝宝观察生活中的静电现象。

(2)试一试怎样避免静电现象。

活动二：冰块不见

活动目的

(1)发展宝宝的观察能力。

(2)引导宝宝探索发现事物变化的过程。

(3)提高宝宝的语言表达能力。

活动准备　饮料瓶盖大小的冰块2块、小碗2个。

活动过程

(1)出示事先准备好的冰块，每个小碗内放一块，让宝宝进行观察并说出物品的名称。

(2)将一只碗置于日光下10分钟，另一只碗放在冰箱内继续冷藏。

(3)观察结果，总结。

活动指导

(1)引导宝宝观察并说出观察结果。

(2)培养宝宝在日常生活中的观察意识。

活动三：神奇的树叶

活动目的

(1)培养宝宝观察树叶的能力。

(2)发展宝宝的手腕控制力和手眼协调能力。

(3)培养宝宝的审美能力和欣赏能力，引导宝宝发现生活中美好的事物。

活动准备　各种形状的树叶、蜡笔若干、A4彩纸若干、硬纸板若干、剪刀若干。

活动过程

(1)出示树叶，引导宝宝观察树叶的形状，介绍树叶的主要构成。

(2)先将树叶平放在硬纸板上，再把彩纸放置在树叶上，并将彩纸固定好，用蜡笔在彩纸上方用力拓印图画，观察彩纸的变化。

(3)引导宝宝剪下树叶的形状。

活动指导

(1)引导宝宝观察生活中还有哪些事物可以做拓印游戏。

(2)观察与体验不同硬度的纸张拓印的效果。

活动四：为动物贴尾巴

活动目的

(1)引导宝宝观察常见动物尾巴的典型特征。

(2)提高宝宝辨识不同尾巴的能力。

(3)培养宝宝爱护小动物。

活动准备　小猫、狗、孔雀、狐狸等动物的图片，以及动物的尾巴粘贴画等。

活动过程

(1)出示动物图片，引导宝宝观察动物的尾巴，用形象的语言介绍尾巴像什么，让宝宝指认动物的尾巴。

(2)将准备好的尾巴粘贴画提供给宝宝，让宝宝为动物贴尾巴。

(3)巩固宝宝对动物尾巴的认识，评价宝宝的工作过程。

活动指导

(1)引导宝宝观察生活中各种动物的尾巴。

(2)能够用语言进行描述并可以用绘画等形式去表现各种动物。

活动五：宝宝的一天

活动目的

(1)培养宝宝对时间的初步认识能力。

(2)能够根据图示建立时间和事物之间的关系，并用语言进行简单的描述。

(3)引导宝宝观察时间的变化。

活动准备　宝宝起床、吃早餐、游戏活动、午睡、游戏、晚上入睡等情景的图片，以及太阳、月亮等图片。

活动过程

(1)出示宝宝熟悉的一天生活中的图片，让宝宝介绍图片中发生了什么事情，图片中的宝宝在做什么等。

(2)为宝宝介绍图片内容，并有意识地引导宝宝观察太阳、月亮，介绍太阳和月亮与白天和晚上之间的关系。

(3)宝宝自己说出白天和晚上各可以做哪些活动。

活动指导

(1)引导宝宝明确太阳和月亮出现时代表了一天中的不同时间。

(2)让宝宝了解一天中的上午、中午和下午等时间段宝宝可以做的事情，对白天和晚上有初步的认识。

实训经验分享

尴尬的冷场——"谁偷了他们的热情"

张同学去某早教园实习。蒙班开班的第一天，她的班上来了7名16~18个月的宝宝。张同学精心准备了很多教具，很认真地组织着每一个活动。在点名活动时，张同学模仿经验丰富的老师的样子先介绍自己："今天蒙班成立了，我是你们的张老师，我今年20岁，是一名女老师，下面老师特别想知道每位宝宝的名字。"然后她叫到某个宝宝的名字，便要求宝宝到老师面前拥抱一下或握个手。可无论张同学多么热情地叫宝宝名字，向宝宝招手，宝宝们都对她的热情视而不见，大部分都不愿意走到老师面前，家长在孩子后面一个劲儿动员也无济于事。接下来在介绍操作活动时，宝宝们对老师的提问都反应淡漠，大多时候张同学都是自问自答，整个亲子活动显得较冷场，好像都是她一个人在表演。在活动后的反思中，张同学显得非常灰心："孩子这么小，说什么都不配合，《纲要》说要师幼互动，课上这么久，全是我一个人在动，家长们看了一定会笑话我……"

反思与分析：蒙台梭利亲子活动中教师的角色除了是幼儿的环境提供者、观察者、示范者，还应给家长介绍活动目的，介绍家长需要遵守的活动规则以及活动的家庭延伸，以求得家长在活动中积极、正确、有效的配合。张同学的苦恼，不是因为孩子小不能与老师互动，而是因为她没有认识到家长在蒙氏亲子活动中的作用，没有调动家长参与亲子活动。亲子活动教育作用的发挥，需要教师、孩子、家长的合作，在亲子活动中，家长既是受教育的对象，同时也是教师的合作者。如果教师只是将目光落在孩子身上，则很难达到教育效果的最优化。发现问题的根源之后，张同学需要制定改进策略，比如在点名活动中要做到以下三点：

第一，因人而异。对该班的宝宝点名时，遇到宝宝不敢自己上来与老师问好的，则引导家长带着宝宝上来，共同向老师问好或者老师走到小朋友的面前向小朋友问好，逐步建立起孩子与老师的亲近感、依恋感，从而喜欢上点名活动。

第二，形式多样。用多种方式进行点名，除了叫名字的方式，还可以尝试唱歌点名、打节奏点名、蒙眼点名的方式，如老师蒙上眼睛，摸到某位小朋友，猜出他的名字，与孩子相互问好。

第三，家长配合。对于宝宝勇敢、大方的表现，要求家长以热烈的掌声给予欢迎；或者在唱歌点名时，请家长和老师一起唱，以增强活动的互动性，激发孩子参与活动的主动性。

如果老师能尊重孩子差异、变换活动形式并征得家长的配合，点名活动将生动起来，宝宝们也会主动参与进来。同样，在后面的每一个环节，教师都应按这样的理念和方法进行，牢记家长和孩子都是学习主体。采用生动、浅显、夸张、儿童化的语言给孩子演示、讲解游戏方法；采用清晰、简洁、直白的语言向家长介绍该活动对孩子发展的意义，并指导家长在家庭的日常生活中拓展教育活动。如此一来，家长的任务意识将在孩子的操作和游戏过程中得到提升，家长便能更细致地观察、引导孩子，不对孩子过分干预，从而确保亲子活动的秩序，并营造出良好的亲子活动氛围，再不会出现张同学那样的尴尬和苦恼了。

◤ 项目回顾

内　容	掌握等级
0～3 岁蒙台梭利早期教育概述	☆☆☆☆☆
0～3 岁蒙台梭利日常生活教育的内容	☆☆☆☆☆
0～3 岁蒙台梭利感官教育的内容	☆☆☆☆
0～3 岁蒙台梭利语言教育的内容	☆☆☆☆
0～3 岁蒙台梭利数学教育的内容	☆☆☆☆☆
0～3 岁蒙台梭利科学文化教育的内容	☆☆☆☆

✖ 思考与练习

1. 0～3 岁蒙台梭利早期教育的主要内容与主要特点是什么？

2. 0～3 岁蒙台梭利早期教育与 3～6 岁蒙台梭利教育有什么区别与联系？

3. 根据 0～3 岁蒙台梭利早期教育的特点，以学习小组为单位，改编或创编各领域的教育活动。

项目八
蒙台梭利主题教育活动

学习目标

1. 了解蒙台梭利主题教育活动的含义与特点。
2. 领会蒙台梭利主题教育活动的目的。
3. 能设计、组织、实施蒙台梭利主题教育活动。

内容图解

任务一　蒙台梭利主题教育活动概述

一、蒙台梭利主题教育活动的含义与特点
二、蒙台梭利主题教育活动的目的

任务二　蒙台梭利主题教育活动的设计、组织与实施

一、蒙台梭利主题教育活动的设计
二、蒙台梭利主题教育活动的组织与实施案例

王老师是一名有着1年工作经验的蒙氏教师，在长期的观察中她发现儿童在不同时期对操作教具会产生很多共同的兴趣点，如操作建构三角形时会对多变的图形产生浓厚的兴趣，操作温觉板时会对温度的感觉及天气的变化产生强烈的好奇心。王老师不知道该通过什么样的活动来满足儿童的这种需求。你知道该怎样做吗？本项目内容将告诉你答案。

任务一　蒙台梭利主题教育活动概述

一、蒙台梭利主题教育活动的含义与特点

(一)蒙台梭利主题教育活动的含义

蒙氏主题教育活动，是指在蒙台梭利教育原则指导下，以主题教育为核心，将健康、语言、社会、科学、艺术五大领域与蒙台梭利教育的基本内容有机结合，以此作为主题活动实施的前提基础，同时把儿童在幼儿园的一日生活、"工作"和游戏、户外锻炼同社区、家庭、学校三者的共育合作相融合共同进行的活动。蒙台梭利主题教育活动的内容通常由活动来源、主题活动时间和依据、主题活动设计、主题活动准备、组织、实施等几部分组成。

(二)蒙台梭利主题教育活动的特点

1. 以儿童个体为中心

在蒙氏主题活动中，参与者大多是异龄的儿童，他们之间具有一定的年龄差别，相比于同龄群体，这些儿童的发展差异更大。在此情况下，采取以儿童个体为中心的组织形式就显得十分必要。在混龄编班的背景下，教师要充分尊重儿童、发挥他们的能动性，并要在蒙氏主题教育活动中创造性地开展有特色且能适应本班幼儿需求的活动，为儿童提供多种机会，不断发展他们的运动机能及交往能力，通过儿童自主的探索及思考来达到教育工作者所预期的主题活动目标。

2. 异龄儿童间的互动

在进行蒙氏主题教育活动时，应将教室环境因素与充分发挥儿童的积极性融会贯通。和谐美好的环境是儿童集中注意力，享受并快乐地加入主题活动的重要因素。巧妙地让异龄儿童参与互动活动是支持他们彼此不断深入了解并一起学习进步的关键，也是协调

同主题的良好环境的重要环节。强调儿童的主动学习，鼓励儿童自主探索以及在与团队协作的互助学习中不断进步，这使得各个年龄段的儿童都有了一个相互了解的机会，从而使他们的能力得到不同程度的发展。

3. 主题教育活动的自主创设

幼儿教师要尊重儿童的创造性，支持和提供儿童自主游戏、自主学习、自主交往的空间，给予其充足的可供选择的材料，鼓励儿童在与环境的互动中参与各种主题活动游戏和身体运动，从而使每位儿童都能够在自由地运动过程中感受到游戏、学习与相互交往的快乐。

4. 组织混龄集体游戏

游戏是学前儿童的基本活动，是教学活动中的一条主线。组织儿童进行集体游戏，有利于将每名儿童的个性及特点淋漓尽致地挖掘出来，让其在大集体的游戏中更好、更快乐地进步；同时，这也为异龄儿童提供了相互合作的机会，以便消除交往中的不和谐的音符。组织混龄集体游戏是蒙台梭利教育法的重要组成部分，创造性地开展混龄集体游戏是蒙氏主题教育活动的灵魂。

5. 实现区域活动和主题活动的对接

随着蒙氏教育的深入发展，应把主题活动有机地融入区域活动之中，为儿童提供多样化的材料，进一步满足儿童深入探究的意愿。教师在观察区域活动时可投放与主题活动相关联的材料，不断尝试从儿童的工作中发现儿童的兴趣点，从而完善主题教育活动，最终达到区域活动与主题活动的双向对接。蒙台梭利特别注重让儿童在有准备的环境中发展，这就要求幼儿教师根据不同孩子的需求，并以主题为依据为儿童提供教具。

二、蒙台梭利主题教育活动的目的

(一)改善蒙氏教学重形式而忽略其思想精髓的现状

蒙台梭利教育法引入我国以后，在教育领域产生了很大的影响，尤其在学前教育领域，很快便引起了幼儿园教育的一场革命，这对丰富和改进幼儿教育模式、提高幼儿教育质量有很重要的意义，同时也为我国学前教育注入了新鲜血液。但蒙氏教育在本土化的过程中出现了形式主义的倾向，很多实践者忽略了其思想精髓。比如，蒙氏教具是蒙台梭利教育法中很有特色的一部分，然而在一些幼儿园里，却将蒙台梭利教育简单化，认为只要教室里摆放着蒙台梭利教具就是在实施蒙台梭利教育。这是一个误区，是没有把孩子的发展与有准备的环境有效地结合起来。课程组织的中心环节是儿童，而不是对教具简单、机械的操作。在实践中，要把握好蒙氏课程的实质，即回应学习者，支持他们与环境的相互作用，而不要过分拘泥于形式。

蒙台梭利教育法从 20 世纪 90 年代在中国幼儿教育界开始流行至今,全国已有 300 多个蒙台梭利教室,且仍有增加的趋势①。随着经济的不断发展,人们逐渐意识到幼儿教育的重要性,大规模的建园,急需大量的、高素质的幼儿教师。一些幼儿园招聘了很多没有受过专业训练的人来当幼儿教师,导致很大程度上影响了教学质量,也耽误了儿童身心全面健康发展。这样的教师即使受过专门的培训,也很难将蒙氏教育思想真正贯彻和落实,因为他们在实际工作中存在着"不求甚解""囫囵吞枣"的现象。更有甚者则只是盲目、机械地套用蒙台梭利教育法的模式,却没有真正去研究其教育思想的精髓。这就导致了蒙氏教室的开设失去了它应有的意义。

(二)探索适合中国国情的蒙台梭利教育组织形式

2001 年颁布的《幼儿园教育指导纲要(试行)》指导我国幼儿园深入开展素质教育,2012 年颁布的《3～6 岁儿童学习与发展指南》推动了新一轮的幼教改革,更加强调科学保教。蒙台梭利教育是幼儿园教育的一种教学模式,作为"舶来品",怎样调整才能使其在中国新时期的幼儿教育土壤中生根、发芽、茁壮成长。这需要形式的灵活转变,需要内容的融合、整合。既要保持蒙台梭利教育模式的原有精华,又要结合中国当前幼儿教育的需求和改革方向。可以说,蒙台梭利主题教育活动就是弥补蒙氏预成性教学较多、生成性较少,或现成性较多、创造性较少问题的一种活动模式。蒙氏主题教育活动的积极开展会成为幼儿园蒙氏教育科学发展的必要条件和有效途径。

任务二　蒙台梭利主题教育活动的设计、组织与实施

一、蒙台梭利主题教育活动的设计

(一)利用蒙台梭利教育中有准备的环境来开展主题教育活动

蒙台梭利非常强调环境在儿童心理发展中所起到的重要作用,儿童的发展就是与有准备的环境相互作用的结果,环境是蒙台梭利教育的核心。在蒙台梭利教育中,教师的任务就是为儿童创设有准备的、适宜的、良好的环境,支持幼儿的探索和学习。这些环境是综合性的,有室内和室外的,有儿童和成人的,有精神和物质的,蒙台梭利教育可操作性的环境为主题活动的开展提供了良好的氛围,能为主题活动提供自主发展的空间。

主题教育活动的来源一般有两个途径:教师根据儿童现阶段的发展情况来确定主题,

---

① 霍力岩:《中国应怎样借鉴"蒙台梭利"》,载《学前教育研究》,2001(1)。

然后引导儿童进入主题活动，这属于计划性主题；教师根据儿童的兴趣点生成的主题，是非计划性主题。儿童的兴趣点更容易通过操作蒙台梭利学具而激发出来，即使是计划性主题，只要有可操作性的学具，也能够增强儿童对活动的兴趣。例如，感官领域的建构三角形盒，通过展示工作，儿童对图形产生了浓厚的兴趣，每天都抢着操作，有时还相互比赛拼各种造型。于是，教师抓住儿童对图形感兴趣的教育契机，开展了以蒙台梭利教具操作为基础的认识图形的主题教育活动"图形变变变"。通过教师的探索和尝试，我们发现，蒙台梭利工作中生成的主题活动比其他主题活动更容易吸引儿童。

(二)在各个区域中渗透主题教育活动的内容

蒙台梭利教育包括多个区域的工作：日常生活练习区、感官区、数学区、科学文化区、语言区，其中，也包括丰富的可操作的学具。我们可以根据主题的内容，充分利用学具的功能和教育价值，将主题教育活动的内容有机地渗透其中。特别是主题内容的预习、巩固和迁移，促使蒙台梭利区域活动和集体活动有机地结合在一起，充分发挥了蒙台梭利区域活动和集体教育活动各自不同的教育功能。

(三)在各个区域中，根据儿童的兴趣随机生成主题教育活动

儿童在自发、自主操作学具的过程中，更容易显露出其兴趣点，教师可根据儿童的兴趣确定主题的内容。对儿童不感兴趣的内容，教师不应强迫儿童接受，而应灵活取消原定计划，寻找与蒙台梭利教育的结合点。

(四)利用蒙台梭利多样的教具来丰富主题

蒙台梭利教具非常丰富，教师只要善于利用，主题活动的素材有很大选择的空间。如"图形变变变"主题，感官区的构成三角形、几何立体组、几何图形橱都是非常好的教具和材料。此外，教师还可以根据蒙台梭利教具的创设规律，自制更多的学具和材料。

(五)将蒙台梭利工作渗透到主题教育活动中

教师可在经典阅读、主题课、线上游戏、走线、工作展示等活动中，渗透主题内容。某些主题教育活动内容可以随机融入到蒙台梭利教育活动中。例如，主题教育活动"植物大观园"，教师要进行闻花香的安全教育，就可以利用蒙台梭利活动中的嗅觉瓶进行"如何闻花香"的教学铺垫。

二、蒙台梭利主题教育活动的组织与实施案例

案例一：我上幼儿园了

时间：秋季	年龄：蒙氏小班①			
主题：我上幼儿园了				
领域	个体自主操作活动	小组活动	集体活动	生活渗透
日常生活	目标：锻炼幼儿的双手协调性，学习照顾自己、照顾新朋友			
	练习穿脱鞋子、袜子	系扣子比赛	自我介绍	互相帮助穿脱衣服等
感官	目标：通过观察了解新朋友			
	玩具配对	插座圆柱体（一）	套娃套筒排序	一起游戏
数学	目标：生活中感受数概念			
			你有几个好朋友	寻找生活中的数字
语言	目标：鼓励幼儿愿意用语言与人进行交流，喜欢应答			
	绘本阅读：好朋友	儿歌：小朋友爱上幼儿园	自我介绍	对自己的好朋友说悄悄话
科学文化	目标：感知和认识自己的成长过程			
	和爸爸妈妈整理、制作自己的脚印成长三步卡，排序	向好朋友讲述自己的成长故事	说说朋友的名字和故事	认识自己、了解朋友
艺术	目标：用画五官的方式表现对朋友、老师和幼儿园的了解；体验节奏，能边打节奏边介绍自己			
	绘画：好朋友的脸	歌曲：头发、肩膀、膝盖、脚	为好朋友制作贺卡	和好朋友一起唱歌、跳舞、画画
体育	目标：学习在垫子上左右翻滚			
	玩滑梯	小鸡小鸭运玩具	一网不捞鱼	能自己上下楼梯

案例二：月亮的变化

时间：依教学进度而定	年龄：蒙氏小班			
主题：月亮的变化				
领域	个体自主操作活动	小组活动	集体活动	生活渗透
日常生活	目标：能用自己的方法展示月亮不同时期的变化特征			
	缝的工作：月亮形状	剪的工作：月亮形状	制作月饼	制作月亮变化的三步卡
感官	目标：根据月亮的变化规律发现大小、形状变化特征			
	几何图形橱第一层：圆形名称练习	制作月亮变化形式卡	月亮形式卡接龙	观察月亮的阴晴圆缺

---

① 此处蒙氏小班是指新成立的蒙氏班。

数学	目标：认识圆形，能按不同特征排序			
	找出和圆形相似的数字	圆形排序	拓印圆形嵌板	观察哪个阶段的月亮是圆形
语言	目标：能有意识地倾听他人讲话，并乐于与人交谈			
	绘本阅读：月亮姐姐	古诗：静夜思	故事：姥姥家的月亮	描述月亮的变化
科学文化	目标：通过观察月亮的变化，萌发对星球及科学知识的兴趣			
	绘本：月亮上有什么	绘制月亮变化的周期图	视频欣赏：神奇的月球	参观科技馆
艺术	目标：根据月亮变化，学习画弧线，学习团纸			
	画、撕月亮并涂色	泥工：圆圆的月饼	夜空闪闪：在黑色纸上粘贴月亮、星星的图片	奥尔夫游戏：月亮上的小火车
体育	目标：椭圆形轮胎转动能保持平衡			
	走圆形迷宫	圆圈游戏	钻山洞	转圈练习

案例三：中秋节

围绕中秋节的主题开展相关语言活动、音乐活动、美术活动与科学文化活动。

语言活动：

熟读儿歌《中秋夜》，诵读古诗《月下独酌》，分享阅读《中秋夜》，进行中秋节语言游戏活动。利用砂纸字母板进行拼写活动，如拼出"中秋节"三个字的拼音。培养幼儿的阅读兴趣，提高幼儿阅读能力与初步的书写能力。

中秋夜

天上月亮圆又圆，

盘中月饼甜又甜；

全家围着月亮坐，

高高兴兴庆团圆。

音乐活动：

欣赏歌曲《爷爷为我打月饼》，初步理解、感受歌曲的内容和所表达的情感。要求幼儿尝试用声音、动作等方式表达自己对歌曲的理解。

爷爷为我打月饼

八月十五月儿明呀，爷爷为我打月饼呀。月饼圆圆甜又香啊，一块月饼一片情啊。

爷爷是个老红军哪，爷爷待我亲又亲哪。我为爷爷唱歌谣啊，献给爷爷一片心哪。

美术活动：

用橡皮泥制作月饼，让幼儿尝试用团圆、压扁的方法制作"月饼"，并用辅助材料印出花纹。首先，教师由故事导入，引起幼儿制作"月饼"的兴趣。"我们都见过月饼，谁来说说月饼是什么样子的？是怎么做出来的？"再让幼儿认真观察老师怎么做"月饼"，了解材料的使用方法和制作过程。其次，幼儿自己尝试做"月饼"，欣赏自己制作的"月饼"，体验成功的快乐。最后，把做好的"月饼"，放到区角商店进行"出售"。

科学文化活动：

了解中秋节的来历和有关习俗，感受节日的欢乐气氛，知道中秋节是中国的传统节日，邀请家长参加中秋节活动。

评析：

该主题教育活动打破了蒙氏教学只是单纯操作教具的局限，突出了中国本土文化特色，通过幼儿的亲身体验，让其了解中国的传统节日，感知中国的文化底蕴。

由以上蒙台梭利主题教育活动的案例可以发现，主题教育活动不仅可以丰富和充实幼儿的实践与体验，而且还能统整相关知识与经验，使幼儿认知体系化；不仅可以汲取蒙氏教具操作的营养，而且还能与本土教育形式、特点相结合，使蒙氏教育本土化。

▣ 实训经验分享

学生实习期间参与编写的蒙氏教学计划

非主题教育操作活动周教学计划表（一）

年龄：小班

月份 课时	3月	4月	5月	6月
第一周	认识自己的名字 色板1/2	声筒	大套盒 物品分类	相关 事物卡 星期 的认识
第二周	插座 圆柱体	温觉板 认识天气	红棒	数字 与印章
第三周	配对 方向的 认识	纺锤棒	彩色 圆柱体	数字嵌板
第四周	砂纸数字板	彩色 圆柱体	小熊穿衣	汉字 配对卡

注：各班可根据实际情况作相应的调整。

非主题教育操作活动周教学计划表（二）

年龄：中班

月份 课时	3月	4月	5月	6月
第一周	圆柱体组合 构成三角形1	分数小人 数字卷(1~20)	数字卡片1~100 家庭成员年龄的统计	量与数字卡片
第二周	几何形体1	塞根板Ⅱ	塞根板与金色串珠 字母嵌板	构成三角形3
第三周	相对词卡 认识整点	立体几何2	构成三角形2	分数卡
第四周	二倍体	生日的统计 叠叠高盒	交换的游戏	排图讲述

注：各班可根据实际情况作相应的调整。

非主题教育操作活动周教学计划表（三）

年龄：大班

月份 课时	9月	10月	11月	12月
第一周	塞根板 100板	几何形体的分解	乘法板	邮票游戏减法
第二周	数字 扑克游戏(10的加法)	金色串珠组加法 扑克游戏(和是两位数)	彩色串珠简便运算	除法板
第三周	加法口诀表 色板3	填空心算板 加法的记录	地图嵌板 加法记忆练习	邮票游戏除法
第四周	金色串珠组加法	邮票游戏加法	金色串珠组减法	认识国旗

注：可根据各班的实际情况做相应的调整。

🔄 项目回顾

内　容	掌握等级
蒙台梭利主题教育活动的含义	☆☆☆☆
蒙台梭利主题教育活动的特点	☆☆☆☆
蒙台梭利主题教育活动的设计、组织与实施	☆☆☆☆☆

1. 什么是蒙台梭利主题教育活动？

2. 蒙台梭利主题教育活动具有哪些特征？

3. 以学习小组为单位，设计一个蒙台梭利主题教育活动。

4. 根据实训资源分享部分提供的非主题教育活动计划，比较蒙台梭利主题教育活动与非主题教育活动的区别与联系。

参考文献

1. ［意］玛丽亚·蒙台梭利：《蒙台梭利儿童教育手册》，肖咏捷译，北京，中国发展出版社，2006。

2. ［意］玛丽亚·蒙台梭利：《蒙台梭利早期教育法》，祝东平译，北京，中国发展出版社，2006。

3. ［意］玛丽亚·蒙台梭利：《童年的秘密》，金晶、孔伟译，北京，中国发展出版社，2006。

4. ［意］玛丽亚·蒙台梭利：《有吸收力的心灵》，高潮、薛杰译，北京，中国发展出版社，2006。

5. 任代文主译校：《蒙台梭利幼儿教育科学方法》，北京，人民教育出版社，2001。

6. 崔国华主编：《蒙台梭利教育实践攻略》，北京，九州出版社，2010。

7. 殷红博：《婴儿数学潜能开发》，北京，中国戏剧出版社，2000。

8. 好妈咪编：《3岁方案》，赤峰，内蒙古科学技术出版社，2006。

9. 李淑娟编著：《0～3岁婴幼儿早教必读》，北京，中国纺织出版社，2012。

10. 梁志燊主编：《蒙台梭利教育在幼儿园中的成功运用》，上海，上海第二军医大学出版社，2004。

11. 梁志燊等主编：《蒙台梭利主题活动课程》，北京，中国档案出版社，2005。

12. 卢乐山编著：《蒙台梭利的幼儿教育》，北京，北京师范大学出版社，1985。

13. 晨曦主编：《4～6岁幼儿的智力潜能开发》，合肥，安徽人民出版社，2002。

14. 丁海东：《学前游戏论》，大连，辽宁师范大学出版社，2003。

15. 吴晓丹：《蒙台梭利教育思想与方法》，上海，复旦大学出版社，2013。

16. 段云波主编，林丽、王玉廷等著：《蒙台梭利日常生活教育及教具操作手册》，济南，山东教育出版社，2006。

17. 段云波主编，林丽、曲小溪等编著：《蒙台梭利标准教具与制作》，济南，山东教育出版社，2006。

18. 段云波主编，林丽、兰小茹等编著：《蒙台梭利幼儿数学操作手册》，长春，北方妇女儿童出版社，2010。

19. 段云波主编，钟向春、林丽、曲小溪等编著：《蒙台梭利感觉教育》，长春，北方妇女儿童出版社，2011。

20. 段云波主编，林丽、隋家忠等著：《蒙台梭利科学文化教育》，济南，山东教育出版社，2008。

21. 段云波主编，林丽、兰小茹等著：《蒙台梭利和平教育》，长春，北方妇女儿童出版社，2010。

22. 中国蒙台梭利协会编：《蒙台梭利幼儿实用成长宝典：亲子互动版.3～4岁》，哈尔滨，哈尔滨出版社，2009。

23. 段云波主编，张琨、林丽等著：《蒙台梭利幼儿家庭教育法》，济南，山东教育出版社，2006。

24. 李生兰：《幼儿园与家庭、社区合作共育的研究》，上海，华东师范大学出版社，2003。

25. 段锦丝：《蒙台梭利游戏思想研究——基于对〈蒙台梭利幼儿教育科学方法〉的文本解读》，西南大学硕士学位论文，2010。

26. 高展鹏：《蒙台梭利教师教育》，福建师范大学硕士学位论文，2009。

27. 陈惠虹：《论蒙台梭利体系之感觉教育》，华东师范大学博士学位论文，2006。

28. 官晓清：《蒙台梭利教具及其使用方法研究》，福建师范大学硕士学位论文，2010。

29. 杨影：《蒙台梭利课程本土化的个案研究——基于Z幼儿园的蒙台梭利教育实践》，东北师范大学博士学位论文，2015。

30. [美]珍·K.米勒：《谈蒙台梭利教育原则及运用》，载《早期教育》(教师版)，2007(10)。

31. 李颖、赵海燕：《蒙台梭利教育中的混龄教育》，载《淄博师专学报》，2008(2)。

32. 王方：《科学运用蒙台梭利早期教育思想》，载《阜阳师范学院学报》(社会科学版)，2010(6)。

33. 李雪娇：《蒙台梭利教育对实施主题教育活动的作用初探》，载《课程教材教学研究》，2009(1)。

34. 刘兆洪：《自制蒙台梭利教具的探索与实践》，载《校园英语》，2014(4)。

35. 裴嵘军、原朝霞：《浅谈如何学习蒙台梭利的早期教育思想》，载《太原教育学院学报》，2004(9)。